数字经济生态系统的
发展途径研究

杜 猛 著

中国商务出版社

·北京·

图书在版编目（CIP）数据

数字经济生态系统的发展途径研究 / 杜猛著. -- 北京：中国商务出版社，2023.12

ISBN 978-7-5103-4956-0

Ⅰ. ①数… Ⅱ. ①杜… Ⅲ. ①信息经济－研究 Ⅳ. ①F49

中国国家版本馆 CIP 数据核字（2023）第 233026 号

数字经济生态系统的发展途径研究

SHUZI JINGJI SHENGTAI XITONG DE FAZHAN TUJING YANJIU

杜　猛　著

出　　版：中国商务出版社

地　　址：北京市东城区安外东后巷 28 号　　邮编：100710

责任部门：发展事业部（010-64218072）

责任编辑：孟宪鑫

直销客服：010-64515210

总 发 行：中国商务出版社发行部（010-64208388　64515150）

网购零售：中国商务出版社淘宝店（010-64286917）

网　　址：http://www.cctpress.com

网　　店：https://shop595663922.taobao.com

邮　　箱：295402859@qq.com

排　　版：北京宏进时代出版策划有限公司

印　　刷：廊坊市广阳区九洲印刷厂

开　　本：787 毫米×1092 毫米　1/16

印　　张：10　　　　　　　　字　　数：228 千字

版　　次：2023 年 12 月第 1 版　　印　　次：2023 年 12 月第 1 次印刷

书　　号：ISBN 978-7-5103-4956-0

定　　价：65.00 元

前 言 Preface

随着信息技术的飞速发展，数字经济已成为促进全球经济发展的重要引擎之一。数字经济生态系统的形成和发展对全球经济格局、产业结构以及社会生活方式都将产生深远地影响。本书旨在探究数字经济生态系统的发展途径，深入分析其构成要素、参与者互动，以及可持续发展等问题。在全球数字化转型的浪潮下，了解数字经济生态系统的运作规律对政府部门、企业机构以及个体参与者都具有重要的指导意义。

本书首先回顾了数字经济的基础理论，探讨了数字化对经济产业的深刻影响，接着系统阐述了数字经济生态系统的构成要素以及参与者之间的关系网络。在此基础上，本书进一步探讨了数字经济生态系统的发展趋势和模式，深入分析了政府引导型模式和跨界合作型模式的特点及适用情景。同时，针对数字经济生态系统的管理与运营问题，本书提出了一系列有效的管理策略和运营模式，以促进其良性发展。此外，本书还着重探讨了数字经济生态系统中的创新发展途径和可持续性保护问题，旨在为各方参与者提供科学、合理的决策建议。

通过对数字经济生态系统的综合研究，本书旨在为促进数字经济健康发展提供有益的理论参考和实践指导。对广大研究者、企业决策者以及政策制定者而言，本书成果将提供有力支撑，以应对迅速发展的数字经济时代所带来的挑战与机遇。

本书在撰写过程中，借鉴了国内外相关研究成果，并结合了大量实证研究和案例分析。希望本书能为读者提供全面、深入的数字经济生态系统发展研究，并为相关领域的研究工作提供有益的启示与借鉴。

作者

2023.10

目 录 Contents

第一章　导论

第一节　研究背景

一、当前经济环境的数字化趋势

随着信息技术的飞速发展，全球范围内各个行业正经历着数字化转型的浪潮。在制造业、金融业、零售业以及服务业等领域，数字化趋势正日益深入，深刻改变着传统经济模式的运作方式。数字化转型不仅仅体现在企业内部的生产和管理流程上，还在产品和服务的交付、消费者体验以及市场营销等方面产生了巨大影响。

（一）制造业的数字化转型

数字化技术在制造业中的应用正日益深入，从传统的生产线自动化到智能制造的实现，数字化转型正极大地提高着生产效率和产品质量。工业物联网、智能工厂、数字化供应链管理等新技术的广泛应用，不仅实现了生产过程的智能化与自动化，还加快了产品创新和市场响应速度。

（二）金融业的数字化趋势

在金融领域，数字化趋势极大地改变了传统的金融服务模式。移动支付、区块链、数字货币等新技术的兴起，正推动着金融业务的创新与升级。数字化金融服务不仅提高了金融交易的效率和安全性，还促进了金融资源的更加普惠性和包容性分配，推动了全球金融体系的变革与发展。

（三）零售业的数字化改造

随着电子商务的快速发展，传统零售业正经历着数字化改造的深刻变革。线上线下融合、智能零售、个性化营销等新模式的出现，不仅改变了消费者购物的习惯和方式，也促进了零售企业的运营和管理方式的创新。数字化改造使得零售业更加注重消费者体验，提升了销售效率和精准营销能力，推动了零售业的可持续发展和竞争力的提升。

二、传统经济模式面临的挑战

（一）数字化转型带来的挑战

1.市场格局的颠覆

第一，新兴数字平台的崛起。随着数字化转型的浪潮席卷各行各业，新兴数字平台和技术公司开始在传统行业中占据重要地位。这些平台通过创新的商业模式和先进的技术，迅速改变了传统企业的竞争优势。例如，电商平台的崛起改变了零售业的市场格局，传统零售商面临着新兴电商平台的竞争压力。

第二，市场不稳定性的增加。数字化转型加剧了市场的不稳定性。传统企业需要面对来自各个领域的竞争对手，其中许多都是基于数字技术运营的新兴企业。这些新兴企业通常具有更高的灵活性和创新能力，对传统企业的市场份额造成了直接冲击。

第三，品牌竞争力的挑战。随着消费者在数字化时代更易受到各种信息的影响，传统企业的品牌竞争力受到了严峻挑战。新兴数字平台的推广和消费者倾向从这些平台购买产品和服务，使得传统企业必须重新审视自身的品牌定位和市场营销策略，以保持竞争力。

2. 数据驱动经济

第一，传统企业在适应数据驱动经济的转型中面临着数据收集和整合的挑战。这需要企业建立高效的数据采集系统，将来自不同渠道的数据整合起来，以形成全面的商业分析。

第二，为了应对数据驱动经济的挑战，传统企业需要提升其数据分析能力。这意味着企业需要招聘具有数据科学和分析背景的人才，并投资先进的数据分析工具和技术，以发现潜在的市场趋势和消费者行为模式。

第三，随着数据在经济活动中的日益重要地位，保护数据隐私和安全成为企业面临的重要挑战。传统企业必须制定严格的数据安全政策，并投资安全技术和招聘专业人员，以确保客户数据不受到泄露或侵犯。

3. 消费者期望的改变

第一，消费者在数字化时代更加倾向追求个性化的服务。传统企业需要通过分析消费者数据和行为模式，为客户提供定制化的产品和服务，以满足其个性化需求。

第二，数字化转型要求传统企业重新思考产品的交付方式。例如，随着电子商务的普及，许多消费者更倾向在线购物，这促使传统零售企业不得不加快其电子商务渠道的发展，并提供更快速、更方便的交付方式。

第三，消费者对品牌互动体验的要求在不断提升。传统企业需要在数字化转型过程中加强与消费者的互动，包括通过社交媒体、在线客服等渠道与消费者进行实时互动，提升消费者对品牌的参与感和忠诚度。

（二）传统经济模式的组织和经营模式挑战

1. 组织架构的重构

第一，传统企业往往有复杂的层级结构，这在数字化时代可能会成为阻碍创新和快速决策的障碍。因此，传统企业需要重构其组织架构，简化层级结构，加强跨部门协作和信息共享，以提高组织的灵活性和响应速度。

第二，数字化转型促使许多传统企业转向平台化组织架构，以更好地适应快速变化的市场需求。这意味着企业需要建立开放式的平台，鼓励内部员工和外部合作伙伴共同创新，加速产品开发和推出过程。

第三，组织架构的重构需要伴随着文化变革。传统企业需要树立积极的创新文化和开放的沟通氛围，鼓励员工提出新想法和实验新方法，以推动组织向数字化转型迈进。

2. 技能和文化的转变

第一，数字化技能培训的重要性。传统企业需要投入更多资源来培养员工的数字化技能。这包括提供培训课程、组织工作坊和引入数字化技术培训计划，以帮助员工掌握数字化工具和技术，并应用于企业的日常经营活动中。

第二，数字经济的快速发展要求员工能够适应快节奏的工作环境。这需要传统企业提供更灵活的工作制度和多样化的工作方式，以吸引并留住具有创新精神和适应能力的人才。

第三，企业领导者在文化转变中扮演着关键角色。他们需要树立榜样，积极倡导创新文化和学习型组织理念，鼓励员工不断学习、成长，并以此推动组织文化朝着数字化转型的方向发展。

3. 风险管理

第一，传统企业需要制定全面的数据安全防护策略。这包括加强网络安全措施、建立完善的数据备份和恢复机制，以及制定严格的数据访问权限管理规定，以保护企业关键数据不受到未经授权的访问和利用。

第二，传统企业需要培养组织中的风险意识，让员工意识到数字化转型带来的新风险，并提高应对风险的能力。这可以通过定期组织培训、制定应急预案和建立风险管理团队等方式来实现。

第三，数字化转型意味着企业需要面对更加复杂和严格的法律法规要求。传统企业需要投入更多资源来应对这些合规和监管挑战，包括建立合规团队、定期进行合规审查和加强内部控制措施等。

（三）应对挑战和实现转型升级

1. 制定数字化战略

首先，传统企业应明确数字化转型的战略目标。这可能包括增加在线销售份额、提高客户满意度、优化供应链效率等。这些目标应该与企业的使命和愿景相一致。

其次，企业需要投资新技术，以满足数字化战略的需求。这可能包括云计算、大数据分析、人工智能、物联网等技术的采用。同时，企业需要建立清晰的技术架构，确保不同系统之间的互操作性。

再次，数字化战略需要包括数字化营销计划，以提高品牌知名度和在线可见性。这可能包括社交媒体营销、搜索引擎优化、内容营销等策略。

最后，数据分析是数字化战略的关键组成部分。企业需要建立数据分析团队，以深入了解客户行为、市场趋势和竞争对手的动态。这样可以更好地制定决策和调整战略。

2. 加速创新

首先，企业应该鼓励内部创新，为员工提供机会提出新的想法和解决方案。这可能包括设立创新奖励计划、创新工作坊和孵化器项目，以激发员工的创造力。

其次，与创新初创企业、科研机构和技术合作伙伴建立战略合作关系，以获取新技术和解决方案。这种开放创新模式可以帮助企业更快速地推出新产品和服务，同时分担风险。

最后，数字化时代要求企业更加敏捷，能够快速推出新产品和功能以满足市场需求。采用敏捷开发方法和迭代式开发过程可以帮助企业更快地适应市场变化。

3. 投资员工培训和发展

首先，企业应该制订数字化技能培训计划，以确保员工具备必要的数字化技术知识和能力。这可能包括在线培训、工作坊和认证课程。

其次，培养适应性文化需要领导层的积极参与。企业领导者应充当文化变革的榜样，鼓励员工接受新思维和实验新方法。此外，员工应被鼓励分享知识和经验，以促进学习和创新。

最后，员工的参与对企业数字化转型的成功至关重要。企业可以建立反馈机制，鼓励员工提供意见和建议，以改进数字化战略和实施计划。

第二节　研究目的和意义

一、探索数字经济发展的必要性

在全球经济日益全面数字化的背景下，深入探索数字经济的发展必要性对理解经济变革的趋势具有重要意义。通过分析数字经济的发展动态和未来发展趋势，可以为政府部门和企业决策者提供科学的决策支持，促进经济转型升级。

（一）理解数字经济的发展趋势

1. 全球数字化趋势的加速

全球范围内数字化趋势的加速对理解数字经济的发展趋势至关重要。随着信息技术的飞速发展，数字经济已经成为全球经济增长的重要驱动力。分析全球不同地区数字经济的发展状况和趋势，可以帮助揭示数字经济在全球经济中的地位和作用。

2. 数字经济对传统产业的影响

数字经济的崛起正在深刻影响传统产业的发展模式和经营方式。通过研究数字经济对不同传统产业的冲击，可以帮助预测未来产业发展的走向，并为传统产业的转型升级提供指导和建议。

3. 技术创新对数字经济的推动作用

技术创新是推动数字经济发展的重要动力。分析最新的科技创新成果对数字经济发展的影响，可以帮助洞察未来数字经济的发展方向和趋势，为政府和企业提供科学的决策支持。

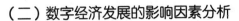

（二）数字经济发展的影响因素分析

1. 政策环境对数字经济的影响

政策环境是数字经济发展的重要影响因素之一。深入研究不同国家和地区的数字经济政策，可以帮助理解政策对数字经济创新和发展的激励作用，同时可以为政府部门提供优化政策环境的建议。

2. 市场需求与供给的匹配

数字经济的发展离不开市场需求与供给的匹配。研究消费者对数字化产品和服务的需求特点以及企业在数字经济中的供给策略，有助于发现市场潜力和商机，并为企业制定精准的市场营销策略提供支持。

3. 人才培养与科技创新的关系

人才培养和科技创新是数字经济发展的关键支撑。探究不同国家和地区数字经济人才培养模式和科技创新机制，可以为构建人才强国和创新型国家提供经验借鉴，促进数字经济可持续发展。

（三）数字经济发展的政策建议

1. 加强数字基础设施建设

为了推动数字经济的发展，政府应加大对数字基础设施的投入力度，包括网络基础设施、数据中心建设等，以提高数字化服务的覆盖范围和质量。

2. 优化政策环境

政府应加大力度优化数字经济政策环境，包括推出支持创新的税收政策、完善知识产权保护制度等，以吸引更多科技企业和创新团队参与数字经济的发展。

3. 加强国际合作与交流

数字经济具有较强的跨国性和全球性特征，政府应加强与其他国家和地区的合作与交流，分享经验，促进数字经济发展的全球合作与共赢。

二、分析数字经济对全球经济格局的影响

数字经济的快速发展正在重新塑造全球经济格局。对不同国家和地区而言，如何顺应数字经济发展趋势，加强合作与创新，已成为推动经济增长和提升国际竞争力的重要途径。因此，深入分析数字经济对全球经济格局的影响，有助于指导全球经济治理和区域合作的发展。

（一）数字经济对全球贸易和产业格局的影响

1. 全球价值链重塑

数字经济的崛起加速了全球价值链的重塑。通过数字化技术的应用，企业能够更加高效地管理供应链和生产流程，实现全球资源配置的优化和全球市场需求的精准匹配。这加快了全球产业链的转型升级，提升了全球产业竞争力。

2. 新兴市场的崛起

数字经济的发展为一些新兴市场国家提供了历史性的发展机遇。这些国家在数字化

技术领域积极探索创新，培育本土数字经济企业，加速经济增长和产业升级。另外，新兴市场国家的数字经济发展也在全球经济格局中扮演着越来越重要的角色。

3. 全球贸易形态的变革

数字经济的兴起正在改变全球贸易的形态。传统贸易模式受到挑战，数字化技术为跨境贸易提供了新的机遇和模式。电子商务和数字支付的普及使得全球贸易更加便利与高效，同时促进了全球贸易的多元化和平衡发展。

（二）数字经济对全球金融体系和投资格局的影响

1. 金融创新和服务升级

数字经济的发展推动了全球金融体系的创新和服务升级。金融科技的应用使得金融服务更加普惠和高效，为全球经济发展提供了更加稳定和可持续的金融支持。

2. 跨境投资和融资方式的变革

数字经济的崛起改变了全球跨境投资和融资的方式。数字化技术使得跨境投资更加便利和透明，促进了全球资金的流动和配置，同时加速了全球资本市场的融合和互联互通。

3. 金融风险管理和监管挑战

数字经济的发展给全球金融风险管理和监管带来了新挑战。随着数字化金融服务的普及，隐私保护、数据安全和反洗钱等问题日益凸显，全球金融监管体系需要加强合作与创新，以应对数字经济时代新出现的金融风险。

（三）数字经济对全球治理和合作模式的影响

1. 全球治理结构的调整

数字经济的快速发展对全球治理结构提出了新要求。为了更好地应对全球经济挑战，国际社会需要加强合作，构建更加开放和包容的全球治理体系，以适应数字经济时代的全球化发展需求。

2. 数字治理和标准制定

数字经济的发展需要建立全球统一的数字治理体系和标准制定机制。这包括网络安全、数据隐私保护、电子商务规范等方面的标准制定，以确保全球数字经济健康稳定发展。

3. 区域合作与发展机遇

数字经济的发展为各国之间加强区域合作提供了更多的发展机遇。国家和地区可以加强数字经济方面的合作，共同制定规范和标准，推动数字基础设施的互联互通，促进数字经济产业的跨境合作与发展。通过建立数字经济合作框架和平台，各国可以共同应对数字经济发展中的挑战，实现利益共享和优势互补。

4. 人才培养与知识共享

数字经济的发展需要大量的高素质人才支持，国际社会应加强人才培养与知识共享。建立全球性的人才培训机制和知识共享平台，促进各国人才的交流与合作，共同推动数字经济领域的创新与发展。

5. 全球数字经济规则的建立

随着数字经济的快速发展，国际社会需要共同建立全球数字经济规则体系。这涉及数字贸易、数据流动、知识产权保护等方面的规则制定，以维护全球数字经济的公平竞争环境和可持续发展。

第三节　研究方法论和数据来源

一、实证研究方法在数字经济分析中的应用

（一）定量数据分析在数字经济研究中的应用

1. 市场趋势分析

通过收集和分析数字经济相关的大量市场数据，可以深入了解数字经济的发展趋势和市场格局。利用定量数据分析方法，可以评估不同数字经济领域的市场规模、增长速度以及主要参与者的市场份额，为数字经济发展提供客观的数据支持。

2. 消费者行为研究

实证研究方法可以帮助研究者深入了解消费者在数字经济环境下的行为特征和消费习惯。通过对消费者数据的定量分析，可以揭示消费者偏好、购买行为和消费决策的模式，为企业制定精准的市场营销策略提供科学依据。

3. 经济效益评估

对数字经济发展所带来的经济效益进行定量评估，可以帮助评估数字经济对经济增长、就业创造、产业升级等方面的积极影响。利用实证研究方法，可以量化数字经济对国民经济的贡献，为政府决策提供可靠的数据支持。

（二）案例分析在数字经济研究中的应用

1. 企业案例分析

通过深入研究具有代表性的数字经济企业案例，可以揭示企业在数字化转型过程中所面临的挑战和机遇。通过分析企业数字化转型的成功案例和失败案例，可以总结出成功的经验和教训，为其他企业的数字化转型提供借鉴和参考。

2. 跨国合作案例分析

数字经济的发展具有较强的跨国性和全球性特征，通过跨国合作案例分析，可以探讨不同国家和地区在数字经济领域的合作模式与经验。这有助于加强国际的经验交流与合作，推动全球数字经济的协同发展。

3. 政策效果评估案例分析

对数字经济相关政策的实施效果进行案例分析，可以评估政策的实际影响和效果。通过分析不同国家和地区在数字经济政策制定与实施过程中的案例，可以总结出成功的政策措施和政策失误，为其他国家和地区制定与完善数字经济政策提供参考及借鉴。

（三）综合实证研究方法在数字经济分析中的应用

1. 数据整合与综合分析

综合应用定量数据分析和案例分析方法，可以实现数据的整合和综合分析。通过对不同数据来源的整合分析，可以全面了解数字经济发展的多维度特征和趋势，为政府部门和企业决策者提供全面、客观的决策支持。

2. 趋势预测与政策建议

基于综合实证研究方法所得出的数据和结论，可以对数字经济未来发展趋势进行预测，并提出相应的政策建议。这些预测和建议可以为政府部门制定和完善数字经济发展规划与政策提供重要参考依据。

3. 风险评估与应对策略

综合实证研究方法可以帮助评估数字经济发展中存在的各种风险，包括技术风险、市场风险和政策风险等。通过分析风险成因和发展趋势，可以提出相应的应对策略，帮助政府和企业有效应对数字经济发展中的各种挑战与风险。

二、数据来源的可靠性和有效性评估

（一）官方发布的统计数据的可靠性和有效性评估

1. 数据收集机制分析

官方发布的统计数据是数字经济研究的重要数据来源之一。评估数据收集机制的可靠性和有效性，需要深入了解数据来源的采集过程、调查对象的范围以及数据采集的频率和方式，以确保数据的准确性和及时性。

2. 数据质量评价标准制定

针对官方发布的统计数据，需要制定科学合理的数据质量评价标准，对数据的准确性、完整性、一致性和时效性等方面进行评估，以保证数据的质量符合研究需求和要求。

3. 数据披露透明度分析

评估官方发布的统计数据的可靠性和有效性，需要考察数据披露的透明度和公开程度。通过分析数据发布的透明度，可以评估数据披露的可信度和数据来源的可靠性，确保数据的可信度和权威性。

（二）调查问卷和访谈调研的可靠性和有效性评估

1. 样本设计与抽样方法分析

对调查问卷和访谈调研所得到的数据，需要评估样本设计和抽样方法的合理性和科学性。通过分析样本的代表性和抽样方法的随机性，可以评估调查数据的可靠性和有效性。

2. 调查问卷和访谈设计的科学性评价

评估调查问卷和访谈设计的科学性，需要考察调查问题的设置是否合理、调查内容是否全面，以及调查方式是否科学，以确保调查数据的可靠性和有效性。

3. 数据采集与分析过程的严谨性评估

评估调查问卷和访谈调研数据的可靠性和有效性，需要关注数据采集和分析过程的严谨性。通过评估数据采集和分析过程中的操作规范和数据处理方式，可以确保调查数据的真实性和可信度。

（三）企业数据的可靠性和有效性评估

1. 数据采集与记录机制分析

评估企业数据的可靠性和有效性，需要分析企业数据的采集和记录机制。通过了解企业数据的采集来源和记录方式，可以评估企业数据的准确性和完整性。

2. 数据处理与分析过程的可信度评估

评估企业数据的可靠性和有效性，需要关注数据处理和分析过程的可信度。通过评估企业数据处理的规范性和分析过程的科学性，可以确保企业数据的可信度和有效性。

3. 数据保密与安全措施分析

评估企业数据的可靠性和有效性，需要考察数据保密与安全措施的完善性。通过分析企业数据保密和安全措施的落实情况，可以确保企业数据的安全性和可靠性。

第二章　数字经济的基础理论

第一节　数字经济的概念和特点

一、数字经济的定义及其范畴界定

（一）数字经济的定义

数字经济是指以数字化技术和信息通信技术为基础，利用互联网、大数据、人工智能等先进技术手段进行生产、交易和管理的经济活动。数字经济通过数字化、智能化和网络化的方式，推动经济活动的转型升级，成为当代经济发展的重要特征之一。

1. 数字经济概念

数字经济最早于 1988 年由美国商务部提出，其概念指涉一种数字化网络经济，具有高增长、低膨胀和高就业的特点。后来在 1995 年，唐·塔普斯科特将数字经济视作互联网经济或信息经济的代名词，描述其为一种新经济形态，是信息以数字方式呈现的产物。随着科技的发展，数字经济的内涵不断扩展。梅森伯格等人（2001）根据信息技术的应用形式将数字经济分为三个层次：数字交易基础设施、数字交易过程和数字交易。蔡跃洲（2018）则将数字经济划分为两种截然不同的表现形式，即与数字技术直接相关的特定产业部门和包含数字元素（或信息元素）的新经济形式。关会娟等学者（2020）则从数字产业化的角度对中国的数字经济进行了分类，将其划分为数字设备制造、数字信息传输和数字技术服务等五类。李海舰和张璟龙（2021）构建了数字经济的三级理论分类框架，认为数据价值和数字治理处于宏观层面，中观层面包括数字工业化和产业数字化，微观层面则涉及数字产品和企业。最近的研究。王永瑜等人（2023）指出，数字经济是实体经济与数字技术深度融合的产物，其内在特征包括创新、互联和共享。这一新型经济形态不仅有助于提高实体经济的发展韧性和创新能力，还能促进新业态的涌现，培育新动能，从而成为推动经济发展质量、效率和动力变革的重要引擎。在不断解码和构建新发展格局的过程中，数字经济将持续发挥重要作用。

随着学者们对数字经济的深入研究，对数字经济的认识不断更新进化，数字经济的内涵也处于不断完善、发展的过程中，学者们对数字经济的定义并未形成统一的认识。根据收集到的数字经济的文献，对数字经济的不同定义且具有代表性的观点见表 2-1：

表 2-1 数字经济定义

国家/机构/学者	定义
美国商务部（1988）	高增长、低膨胀及高就业的数字化网络经济
Brynjolfsson.Kahin（2002）	将知识作为研究基础，在数字技术不断创新促进以数字化形式表达的一种全新的经济形态
Bo Carlssson（2004）	将数字经济称为"新经济"，突出于更优的生产力，数字经济着重关注新产品以及新活动
英国政府（2010）	不但指通过数字化手段获取商品与服务的过程，还包括利用数字信息技术提升企业效率和资源配置
G20 峰会（2016）	指以数字化知识和信息为核心生产要素，将现代信息网络看作是十分重要的载体之一，有效地利用信息通信技术来作为提高效率和优化经济结构的重要动力的一系列经济活动
中国信通院（2018）	数字经济包括两个方面：数字产业化和产业数字化。数字产业化可以理解为信息产业内部的深度发展，包括电信业、电子信息产业、互联网业、软件和信息技术服务业等。产业数字化指的是将数字技术应用于传统行业当中，并带来的效率和产出的提高
赛迪顾问（2017）	以数字技术作为关键内容的经济活动的总和，这些活动包含了数字化要素催生的一系列新技术、新产品、新业态。也包括数字化要素与传统产业深度融合带来的经济增长
新华社联合百度发布《大数据看 2022 年全国两会关注与期待》（2022）	自人类社会进入信息时代以来，数字技术的快速发展和广泛应用衍生出数字经济（Digital Economy）。与农耕时代的农业经济，以及工业时代的工业经济大有不同，数字经济是一种新的经济、新的动能，新的业态，其引发了社会和经济的整体性深刻变革
中国信通院《全球数字经济白皮书》（2022）	数字经济是以数字知识和信息为核心生产要素，以数字技术为核心驱动力，以现代信息网络为重要载体的新型经济形态。通过数字技术与实体经济的深度融合，不断提高经济社会的数字化、互联化、智能化水平，加快经济发展和治理模式的重构。具体而言，它包括四个主要部分：数字产业化、产业数字化、数字治理和数据价值

　　作为经济学概念的数字经济可以被视为继农业经济和工业经济之后的主要经济形态。其特征在于人类通过大数据（数字化的知识与信息）的识别、选择、过滤、存储和使用，引导、实现资源的快速优化配置与再生，推动经济的高质量发展。综合学者们对数字经济的定义可以得出，数字经济以数据资源为关键要素，以现代信息网络为主要载体，以信息通信技术融合应用和全要素数字化转型为重要推动力，促进公平与效率更加统一的新经济形态。

　　2. 数字化技术和信息通信技术基础

　　数字经济依托数字化技术的广泛应用，涵盖了诸如互联网、云计算、物联网和区块链等多种先进技术手段。这些技术的不断创新和应用为数字经济的发展提供了强有力的技术支持和基础设施保障。

　　信息通信技术在数字经济中扮演着关键角色，它不仅连接了全球的经济活动，还为生产、交易和管理等各个环节提供了高效、快速的通信手段。信息通信技术的不断发展与应用推动了数字经济的快速增长和全面升级。

3. 互联网、大数据和人工智能的重要作用

互联网作为数字经济的重要载体之一，促进了全球经济活动的全面连接和融合。通过互联网，企业可以实现全球市场的拓展和资源的高效配置，推动了国际贸易和经济全球化的深入发展。

大数据作为数字经济的重要资源之一，为企业提供了丰富的信息和数据支持。通过对大数据的分析和挖掘，企业可以更好地了解市场需求和消费者行为，提高产品和服务的个性化定制能力，实现经济活动的精准化运营和管理。

人工智能在数字经济中发挥着重要作用，通过智能化的算法和技术支持，实现了生产过程的智能化管理和决策。人工智能的广泛应用为企业提供了智能化的生产、销售和管理方案，推动了经济活动的智能化转型与升级。

4. 数字化、智能化和网络化的经济特征

数字经济的发展倡导数字化转型，即通过数字技术和信息通信技术的应用，实现经济活动的数字化处理和管理。数字化转型促使企业加快信息化建设，提高生产效率和产品质量，加速经济发展的创新与变革。

数字经济的发展趋势是智能化应用的不断深化和拓展。随着人工智能、机器学习和自动化技术的快速发展，企业实现了生产过程的智能化管理和运营，推动了经济活动的智能化升级和转型。

数字经济的发展使得经济活动呈现出网络化的特征。通过互联网和信息通信技术的应用，企业实现了全球市场的连接与交流，推动了经济活动的全球化和网络化发展。网络化经济活动促进了全球经济的互联互通和资源的共享利用。

（二）数字经济的范畴界定

数字经济的范畴涵盖了多个领域，包括数字化生产制造、数字化商务和金融服务、数字化文化娱乐等多个方面。数字经济不仅涉及传统工业生产领域的数字化转型，也包括服务业、文化产业以及新兴数字经济产业的发展。

1. 数字化生产制造领域

（1）工业生产地数字化转型

数字经济在制造业领域的范畴涵盖了工业生产的数字化转型。通过数字化技术的应用，传统的制造业可以实现生产过程的智能化管理和自动化生产，提高生产效率和产品质量。数字化生产制造领域的发展推动了传统工业生产方式的转型升级，促进了工业经济的创新与变革。

（2）智能制造的发展趋势

数字经济的范畴包括智能制造领域的发展。智能制造通过人工智能、物联网和大数据等先进技术手段，实现了生产过程的智能化和自动化管理。智能制造的发展促进了制造业的智能化转型，提高了生产效率和产品质量，推动了制造业的创新和发展。

2. 数字化商务和金融服务领域

（1）电子商务的发展与变革

数字经济的范畴涵盖了电子商务的发展与变革。电子商务通过互联网和移动互联网

等技术手段，实现了商品和服务的在线交易和销售。电子商务的发展促进了商业模式的创新与变革，推动了商务活动的全球化和数字化转型。

（2）金融科技的创新应用

数字经济的范畴包括金融服务领域的创新应用。金融科技通过互联网、区块链和大数据等先进技术手段，实现了金融服务的数字化和智能化发展。金融科技的创新应用促进了金融业务的高效运营和风险管理，推动了金融体系的稳健发展和金融服务的普惠化推广。

3. 数字化文化娱乐领域

（1）文化产业的数字化转型

数字经济的范畴涵盖文化产业的数字化转型。通过数字化技术的应用，文化产业实现了内容的数字化生产和传播，推动了文化产品的全球化传播和文化产业的数字化发展。文化产业的数字化转型促进了文化产品的多样化和个性化，丰富了人们的文化生活。

（2）数字化娱乐产业的创新发展

数字经济的范畴包括数字化娱乐产业的创新发展。数字化娱乐产业通过互联网和移动互联网等技术手段，推动了娱乐内容的多样化和个性化，丰富了人们的娱乐选择。数字化娱乐产业的创新发展促进了文化产业的融合与升级，推动了文化产业的创新与发展。

二、数字经济与传统经济模式的对比分析

（一）生产模式对比

数字经济采用数字化技术和信息通信技术，推动了生产模式的智能化和自动化发展，提高了生产效率和产品质量。相比之下，传统经济模式采用传统生产工艺和管理方式，生产效率相对较低。

1. 数字经济的智能化生产模式

首先，数字经济的智能化生产模式是在数字化技术的支持下，实现生产过程智能化管理和自动化生产的先进模式。企业借助物联网技术，将生产设备、工业机器人等连接到互联网上，实现设备之间的信息交互和数据共享。通过建立智能制造系统，企业可以实现生产过程的自动化控制和监测，实时获取生产数据，并进行智能分析和预测，从而提高生产效率和产品质量。例如，在制造业领域，智能化生产模式可以帮助企业实现生产流程的精细化管理，优化生产计划和资源配置，降低生产成本，提高产品生产效率。

其次，数字经济的智能化生产模式依赖先进的信息通信技术和数字化设备。通过数字化设备的应用，生产过程中的机械操作和生产流程可以实现自动化控制和智能化管理。例如，采用智能传感器和控制系统可以实现对生产过程中温度、湿度、压力等参数的实时监测和控制，确保产品生产过程的稳定性和可控性。同时，利用先进的数据分析技术，企业可以对生产数据进行深度挖掘和分析，发现生产过程中存在的问题和改进空间，及时调整生产策略和流程，提高生产效率和产品质量。

再次，数字经济的智能化生产模式需要企业加大对人才培养和技术创新的投入。企

业需要培养具有信息技术和智能制造技能的专业人才，提高员工的数字化素养和技术应用能力，以适应智能化生产模式的发展需求。同时，企业需要不断加大对科研和技术创新的投入，积极探索新的智能化生产技术和设备，推动数字化技术与生产制造的深度融合，实现生产过程的全面智能化升级。

最后，数字经济的智能化生产模式对企业的管理和运营提出了新的要求。企业需要建立灵活高效地生产管理体系，提高生产计划和资源调配的灵活性与及时性，实现生产过程的快速响应和调整。同时，企业需要加强对生产数据和信息的安全保护，建立完善的信息安全管理体系，防止因信息泄露和数据丢失带来的风险和损失。通过建立健全的管理制度和安全保障机制，企业可以更好地应对智能化生产模式带来的挑战和风险，实现生产过程的稳定运行和持续发展。

2. 传统经济模式的有限生产能力

首先，传统经济模式的有限生产能力是由于其传统的生产工艺和管理方式所限。在传统工业生产中，往往依赖大量的人工操作和传统的生产工艺，生产过程中存在许多繁琐的手工操作和流程，这导致了生产效率的相对较低。相比数字化生产模式的智能化控制和自动化生产，传统经济模式往往需要投入更多的人力资源和时间成本，从而限制了生产能力的进一步提升和产品质量的改善。例如，在传统制造业领域，由于传统工艺和生产流程的限制，生产过程中往往需要大量的人工操作和调整，无法实现生产过程的自动化和智能化控制，制约了产品生产效率的提高和生产成本的降低。

其次，传统经济模式中的生产效率受限于人工因素，难以满足快速变化的市场需求。传统工业生产过程中往往存在着许多人为因素的影响，如人员的工作技能水平、工作疲劳程度以及人为错误等因素，这些因素都会影响到生产过程的稳定性和产品质量的可控性。在市场需求快速变化的背景下，传统经济模式往往难以及时调整生产计划和生产流程，导致生产能力的严重滞后，无法满足市场对产品多样化、个性化的需求。

再次，传统经济模式的生产模式相对滞后，制约了企业的进一步发展和竞争力提升。在全球经济一体化和市场竞争日益激烈的情况下，传统经济模式往往难以适应快速变化的市场环境和竞争态势，面临着市场份额的不断下降和竞争优势的逐渐丧失。传统经济模式的生产能力受限于技术和管理水平，企业往往难以实现技术创新和生产流程的改进，导致生产能力的相对滞后和竞争力的逐渐下降。

最后，传统经济模式需要加大对技术创新和人才培养的投入，推动生产能力的提升和经济发展的转型升级。企业需要加大对新技术的研发和应用，积极推动生产工艺和管理模式的创新，提高生产效率和产品质量。同时，企业需要加强对员工的培训和技能提升，提高员工的工作技能和操作水平，提升企业的生产能力和竞争力。通过加大对技术创新和人才培养的投入，传统经济模式可以实现生产能力的进一步提升和产品质量的改善，促进企业的持续发展和竞争力的提升。

（二）市场模式对比

数字经济借助互联网和电子商务平台，实现了线上线下融合的市场模式，促进了消费者的线上购物和线下体验。传统经济模式主要依赖实体店铺和传统渠道，市场模式相对封闭和局限。

1. 数字经济的线上线下融合市场模式

首先，数字经济的线上线下融合市场模式通过电子商务平台实现了商品信息的在线展示和交易，消费者可以通过互联网浏览商品信息、比较价格和评价，实现了线上购物的便利和快捷。通过建立完善的电子商务平台，消费者可以随时随地进行商品的选购和交易，不再受限于传统实体店铺的时间和地域限制，提高了消费者的购物体验和满意度。例如，通过各大电商平台如亚马逊、阿里巴巴等，消费者可以方便地选购各类商品，并通过在线支付和配送服务实现商品的快速交付和配送，大大提高了消费者的购物便利性和满意度。

其次，数字经济的线上线下融合市场模式强调了线上线下渠道的融合与协同。通过电商平台与实体店铺的联动，消费者可以通过线上购物平台了解商品的相关信息和评价，然后选择到实体店铺进行实物体验和购买。线上线下渠道的融合为消费者提供了更加全面的购物体验和服务，消费者可以通过线上了解商品的基本信息和评价，再通过线下实体店铺进行实物体验和试穿，提高了消费者购物的参与感和满意度。与此同时，对企业而言，线上线下渠道的融合可以促进商品的全渠道销售和市场渗透，实现了线上线下销售渠道的协同发展和互相促进。

再次，数字经济的线上线下融合市场模式突破了传统市场的地域限制，拓展了消费者的购物范围和选择空间。通过建立全球化的电子商务平台，消费者可以轻松地选购来自全球各地的商品，不再受限于传统市场的地域和空间，实现了商品的全球化交易和消费。消费者可以通过线上购物平台选购来自世界各地的特色商品和品牌，提高了消费者的选择空间和购物体验，促进了国际贸易的发展和全球经济的融合。

最后，数字经济的线上线下融合市场模式需要加强对消费者信息保护和交易安全的管理。随着线上交易的普及和扩大，消费者的个人信息安全和交易安全问题日益突出。企业需要加强对消费者信息的保护，建立完善的信息安全管理体系，防止个人隐私信息的泄露和不当使用，保障消费者的合法权益和利益。同时，企业需要加强对交易安全的管理，确保线上交易过程的安全可靠，防止因信息泄露和交易风险带来的消费者投诉和纠纷，维护良好的消费者信任关系和品牌形象。通过加强对消费者信息保护和交易安全的管理，可以提升消费者对线上线下购物的信任度和满意度，促进数字经济市场模式的持续发展和壮大。

2. 传统经济模式的传统渠道依赖

首先，传统经济模式的传统渠道依赖导致了市场模式相对封闭和局限。在传统经济模式中，企业主要通过实体店铺和传统渠道进行商品交易，受限于地域和空间，市场覆盖范围相对有限，消费者的选择范围和体验感受受到一定程度的制约。相比数字经济的线上线下融合市场模式，传统经济模式的传统渠道依赖导致了市场的相对封闭和局限，企业往往难以拓展市场份额和扩大销售渠道，限制了企业的进一步发展和竞争力提升。

例如，在传统零售业领域，由于实体店铺的有限空间和固定位置，企业往往难以拓展新的销售渠道和市场份额，面临着市场竞争力的不断下降和市场份额的逐渐缩减。

其次，传统经济模式的传统渠道依赖限制了消费者的购物体验和满意度。由于传统经济模式主要依赖实体店铺和传统渠道进行商品交易，消费者往往需要到实体店铺进行实物体验和购买，面临着时间和地域的双重限制。消费者需要花费大量时间和精力到店铺进行选购，无法实现随时随地的购物便利和体验，降低了消费者的购物体验和满意度。与此同时，由于传统渠道的依赖，消费者往往需要面对人流拥挤和商品选择受限等问题，降低了消费者的购物体验和满意度。

再次，传统经济模式的传统渠道依赖制约了企业的进一步发展和市场竞争力的提升。在全球经济一体化和市场竞争日益激烈的背景下，传统经济模式的传统渠道依赖往往制约了企业的进一步发展和市场竞争力的提升。企业往往难以及时把握市场需求的变化和消费者的需求变化，无法实现销售渠道的快速拓展和市场份额的快速增长，导致了市场竞争力的相对下降和企业发展的相对滞后。

最后，传统经济模式需要加大对市场拓展和销售渠道的创新力度，促进传统渠道向数字化转型升级。企业需要加强对新兴销售渠道的研究和应用，积极探索线上线下融合的市场模式，拓展新的销售渠道和市场份额。同时，企业需要加大对传统渠道的数字化改造力度，通过引入互联网和数字化技术，提升传统实体店铺的销售效率和服务质量，提高消费者的购物体验和满意度。通过加大对市场拓展和销售渠道的创新力度，传统经济模式可以实现传统渠道向数字化转型升级，推动企业的持续发展和竞争力的提升。

（三）创新模式对比

数字经济鼓励创新和创业，通过数字化技术的应用，不断推出新产品和新服务。相比之下，传统经济模式更加注重传统产业的延续和稳定发展，创新意识和能力相对较弱。

1.数字经济的创新驱动模式

数字经济鼓励创新和创业，通过数字化技术的应用，不断推出新产品和新服务。数字经济为企业提供了创新和发展的广阔空间，鼓励企业利用互联网和新技术手段进行产品创新和商业模式创新，不断满足消费者不断变化的需求。

2.传统经济模式的保守传统思维

相比之下，传统经济模式更加注重传统产业的延续和稳定发展，创新意识和能力相对较弱。传统经济中的企业更倾向保守经营，往往依赖传统的生产模式和管理方式，对新技术和新产品的应用和推广存在一定的抵触情绪，限制了企业的创新发展和竞争力提升。

（四）消费模式对比

数字经济推动了消费模式的个性化和定制化发展，满足了消费者多样化的需求。传统经济模式更加倾向标准化生产和大规模生产，消费模式相对较为单一和统一。

1.数字经济的个性化消费模式

首先，数字经济利用大数据分析技术实现了对消费行为的精准识别和分析。通过对消费者的消费行为、偏好和需求进行大数据分析，数字经济可以准确把握消费者的消费习惯和购物偏好，为消费者提供个性化的产品推荐和定制化的服务方案。例如，在电子商务平台中，通过消费者的浏览记录和购买历史等数据信息，平台可以为消费者推荐符合其偏好和需求的产品和服务，提高消费者的购物体验和满意度。

其次，数字经济实现了消费模式的个性化定制和差异化服务。通过个性化定制技术，数字经济可以根据消费者的个性化需求和定制化要求，为消费者量身定制符合其偏好和口味的产品与服务，提高了消费者的消费满意度和忠诚度。例如，在定制化商品领域，消费者可以根据自身需求和喜好定制个性化的商品，体现个性化消费模式的发展趋势，满足了消费者多样化的需求和消费特点。

再次，数字经济促进了消费模式的互动性和参与性发展。通过数字化技术和社交媒体平台，消费者可以参与产品设计和服务改进的过程，实现了消费者与企业之间的互动和沟通。消费者可以通过互动平台表达自己的需求和意见，参与产品的定制化设计和服务的改进优化，提高了消费者的参与度和满意度，促进了消费模式的个性化和参与化发展。

最后，数字经济为消费者提供了多样化的消费选择和服务体验。通过数字化平台和智能化设备，消费者可以随时随地进行消费选择和服务体验，实现了消费模式的多元化和灵活化。消费者可以通过在线平台选择各类产品和服务，享受多样化的消费体验和服务选择，满足了消费者多样化的需求和消费特点，提高了消费者的消费满意度和消费体验质量。数字经济的个性化消费模式推动了消费行为的多元化和差异化发展，促进了消费者消费意愿的提升和消费水平的提高。

2. 传统经济模式的标准化消费模式

首先，传统经济模式倾向通过标准化生产实现成本控制和效率提升。在传统工业生产领域，为了降低生产成本和提高生产效率，企业往往采用标准化的生产流程和生产模式，推行大规模生产，以实现规模经济效应和降低单位产品成本。这种生产模式导致了产品同质化严重，产品的功能和外观设计较为类似，缺乏差异化特色，消费者的选择范围相对有限，难以满足消费者多样化和个性化的需求。

其次，传统经济模式注重标准化生产和一致化服务。在传统服务行业中，为了提高服务效率和统一服务质量，企业往往采用标准化的服务流程和服务标准，强调一致性和规范性，以确保服务的稳定性和可靠性。这种服务模式导致了服务内容的单一性和服务方式的固化，难以满足消费者个性化和定制化的服务需求，限制了服务业的发展空间和创新能力。

再次，传统经济模式偏重大众化消费和普遍化市场定位。在传统市场营销模式中，企业往往采用大众化的市场定位和推广策略，以满足大多数消费者的基本需求和购买偏好。这种市场定位导致了产品定位的普遍化和市场竞争的激烈化，企业之间的差异化竞争能力较弱，难以形成产品差异化竞争优势和品牌特色，限制了市场的多元化和个性化发展。

最后，传统经济模式限制了消费者的消费选择和服务体验。传统经济中的产品和服务往往缺乏个性化和定制化的特色，难以满足消费者多样化的消费需求和消费特点。消费者只能在有限的产品和服务范围内进行选择，缺乏个性化的消费体验和差异化的消费选择，影响了消费者的满意度和消费体验质量。传统经济的标准化消费模式制约了消费行为的多元化和差异化发展，限制了消费者消费意愿的实现和消费水平的提高。

第二节　数字技术的发展历程

一、关键数字技术的演进历史和重要节点

（一）电子计算机的发展历程

电子计算机作为数字技术的起源，经历了从巨型机、小型机到微型机的发展历程。关键节点包括 ENIAC（1946 年）、微型计算机的兴起（1970 年代）、个人电脑的普及（1980 年代）等。

1. 巨型机时代

首先，巨型机时代是计算机发展史上的重要阶段之一。在这一时期，巨型机作为第一代计算机，被广泛应用于科学研究、军事领域以及大型企业的数据处理。其中，1946 年问世的 ENIAC 是巨型机时代的代表作，它是一台体积庞大、重量巨大的计算机，占据了整个房间的空间。尽管 ENIAC 的运算速度相对较慢，但它的诞生标志着计算机技术进入了实际应用阶段，为后续计算机技术的发展奠定了基础。

其次，巨型机在科学研究领域发挥了重要作用。科学家利用巨型机进行复杂的科学计算和模拟实验，推动了物理学、化学、天文学等学科的发展。尤其在原子弹研究、航天探索等领域，巨型机为科学家提供了强大的计算支持，促进了科学技术的进步和创新。

再次，巨型机时代的计算机应用逐渐拓展到了商业和工业领域。大型企业和组织开始使用巨型机进行数据处理、信息管理和商业决策。巨型机的应用帮助企业提高了数据处理和管理的效率，促进了企业的信息化建设和管理水平的提升。

最后，巨型机时代为计算机技术的发展积累了宝贵经验和技术基础。尽管当时的巨型机存在体积庞大、能耗高、运算速度慢等缺点，但是它们为后来计算机技术的发展提供了重要的参考和借鉴。巨型机时代也为后来个人计算机和微型计算机的发展奠定了基础，标志着计算机技术走向了更加普惠和民用化的道路。

2. 小型机时代

首先，小型机时代是计算机技术快速发展的重要阶段。在 1960 年至 1970 年，随着集成电路技术的突破和发展，计算机体积逐渐缩小，功耗降低，性能不断提升。小型机作为中型计算机的一种，开始逐渐取代了笨重的巨型机，成为当时企业和机构中常见的计算机设备。

其次，IBM 公司在这一时期推出了具有里程碑意义的 System/360 系列。System/360 系列不仅在性能上有了显著提升，而且首次引入了兼容性概念，为企业提供了灵活地选择。这一系列产品成为小型机时代的代表作，推动了小型机的普及和应用，为企业和机构提供了高效的计算支持。

再次，小型机的应用范围逐渐扩大，不仅在大型企业中得到广泛应用，而且在教育、科研等领域发挥了重要作用。小型机的逐渐普及和降低成本使得更多的机构和组织能够享受到计算机技术带来的便利，推动了信息化水平的提升和工作效率的提高。

最后，小型机时代为计算机技术的发展积累了丰富经验和技术基础。小型机的出现标志着计算机技术正朝着更加普遍和实用的方向发展，同时为后来个人计算机的出现奠定了重要基础。小型机时代的技术创新和应用推动了整个信息技术产业的发展，为今后计算机技术的蓬勃发展打下了坚实基础。

3. 微型机时代

首先，微型机时代是计算机技术发展的重要阶段，标志着计算机应用开始普及到个人和家庭领域。在 1970 年末至 1980 年初，随着微处理器技术的成熟和个人计算机的普及，微型机以其小巧、灵活、个性化的特点受到了广泛关注。微型机不仅在性能上有了显著提升，而且价格逐渐降低，使得更多的个人用户能够接触和使用计算机。

其次，微型机的普及推动了计算机技术的大众化发展。个人计算机的出现使得普通人能够轻松使用计算机进行文字处理、数据处理和简单的娱乐活动，改变了人们的学习和工作方式，推动了信息化进程的快速发展。

再次，微型机时代涌现了许多具有里程碑意义的产品和技术。例如，1975 年推出的 Altair 8800 被视为第一台个人计算机，1981 年 IBM 推出的个人计算机 IBM PC 进一步推动了个人计算机的普及化。微型机时代的发展为个人计算机的进一步发展和应用奠定了基础。

最后，微型机时代的技术突破和应用推动了信息技术产业的蓬勃发展。个人计算机的普及和应用拉动了软件产业和互联网产业的快速崛起，为信息时代的来临打下了坚实基础，同时为后来互联网时代的到来做好了准备。微型机时代的影响深远，为整个社会信息化进程的发展提供了重要推动力。

（二）互联网技术的演进

互联网作为连接世界的重要基础设施，经历了 ARPANET 的建立（1969 年）、万维网协议的诞生（1990 年代初）、Web2.0 时代的到来（2000 年代）等重要节点。

1. ARPANET 的建立

首先，1969 年，美国国防部高级研究计划局（ARPA）建立了 ARPANET，这一里程碑事件标志着互联网的雏形诞生。ARPANET 最初是为了在美国国防部各个研究机构之间建立一种分布式的通信网络，以确保在发生核战争时通信系统的可靠性。

其次，ARPANET 的建立促进了分布式计算和信息共享的发展，为后来互联网的发展奠定了基础。ARPANET 首次实现了不同计算机之间的信息交换和通信，为后来的物联网技术和架构提供了重要的经验和基础。它的建立为研究人员提供了一个开放的平台，鼓励他们进行更多的计算机通信和数据传输方面的研究。

再次，ARPANET 的发展推动了互联网协议的发展。在 ARPANET 的基础上，研究人员逐步发展出了 TCP/IP 协议，这成为后来互联网通信的核心协议。TCP/IP 协议的发展为全球范围内的信息交换和共享提供了标准化的技术支持，使得不同类型的计算机和网络可以互相通信和交换数据。

最后，ARPANET 的建立对后来互联网的发展产生了深远的影响。它为后来互联网技术的发展提供了重要的经验和基础，同时为计算机科学和信息技术领域的研究人员提供了一个广阔的研究领域。ARPANET 的建立标志着互联网时代的来临，为全球信息化进程的快速发展打下了坚实基础。

2. 万维网协议的诞生

首先，1990 年代初，蒂姆·伯纳斯·李提出了万维网的概念，这标志着互联网的一个重要里程碑。他在瑞士的欧洲核子研究中心（CERN）开发了一种用于信息共享的系统，将超文本置标语言（HTML）与 HTTP（超文本传输协议）相结合，从而创造了万维网的基本架构。这一创新使得用户能够通过超链接在不同网页之间进行导航，极大地促进了信息的共享和传播。

其次，万维网协议的诞生为互联网的广泛普及和应用奠定了基础。HTTP 协议作为网络通信的基础协议，保证了信息在全球范围内的快速传输和交换。HTML 作为页面置标语言，为网页内容的展示和呈现提供了标准化的方式，使得不同用户可以在不同设备上都能够方便地浏览网页内容。

再次，万维网协议的诞生推动了互联网信息资源的快速扩散和共享。万维网的发展使得人们能够方便地浏览和获取各种信息资源，极大地拓展了人们获取信息的途径和渠道。这为教育、科研、商业等各个领域的发展提供了重要的信息支持和便利条件。

最后，万维网协议的诞生为互联网经济的崛起奠定了基础。万维网的发展极大地促进了电子商务、网络营销等新型经济模式的出现和发展，为数字经济的形成和壮大提供了有力支撑。随着互联网的不断发展，万维网协议持续演进，为互联网应用和服务的多样化发展提供了技术保障。

3. Web2.0 时代的到来

首先，Web2.0 概念的提出标志着互联网的新时代的到来。相比 Web1.0 时代，Web2.0 注重用户参与和互动，强调用户生成内容和社交化网络。这一概念的提出推动了互联网应用从单向信息传递向多向交流互动的转变，用户成为内容的创造者和共享者。

其次，Web2.0 时代的到来极大地促进了社交网络和社交媒体的发展。社交媒体平台如 Facebook、Twitter 等成为人们交流、分享信息和建立社交关系的重要场所。这些平台以其开放性和互动性吸引了大量用户，成为人们获取信息、表达观点和分享生活的重要平台。

再次，Web2.0 时代的到来推动了互联网应用的个性化和定制化发展。通过数据挖掘和个性化推荐技术，互联网平台能够根据用户的兴趣和偏好提供个性化的服务和内容推荐，极大地提高了用户体验和满意度。

最后，Web2.0 时代的到来为移动互联网的发展奠定了基础。随着智能手机等移动设备的普及，人们可以随时随地接入互联网，享受各种网络应用和服务带来的便利。移动互联网的兴起使得互联网应用更加便捷、快捷，推动了移动互联网应用的蓬勃发展。

（三）移动通信技术的发展

移动通信技术的演进经历了从 1G 到 5G 的发展阶段。关键节点包括 1G 的诞生（1980 年末）、3G 的商用推出（2000 年初）、5G 的商用化推进（2020 年）等重要时刻。

1.1G 的诞生

首先，1G 移动通信技术的诞生标志着移动通信技术的商用化阶段的开始。在 1980 年末，1G 技术采用模拟信号进行移动通信，虽然通信质量较低，容量较小，但这一技术的出现为移动通信的进一步发展奠定了基础，满足了人们对移动通信的基本需求。

其次，1G 移动通信技术的诞生推动了通信行业的全球化发展。随着 1G 技术的商用化，移动电话开始普及，人们可以通过移动电话实现远距离通信，加快了信息传递速度，促进了全球范围内的商业活动和社会交流，为全球经济一体化提供了重要支持。

再次，1G 移动通信技术的出现促进了信息社会的兴起。移动电话的普及使得信息传递更加便捷快速，人们可以随时随地获取和传递信息，加快了信息的传播速度，促进了社会信息化的进程，为信息社会的建设奠定了基础。

最后，1G 移动通信技术的诞生拉开了移动通信技术不断发展的序幕。虽然 1G 技术存在诸多局限性，如通信质量低、容量小等问题，但它为后续移动通信技术的发展积累了宝贵经验，为 2G、3G 等后续移动通信技术的出现提供了重要的技术积累和经验总结。

2.3G 的商用推出

首先，3G 移动通信技术的商用推出标志着移动通信技术进入了智能化和多媒体化阶段。2000 年初，3G 技术的商用推出使移动通信不仅可以实现语音通话，还可以支持高速数据传输、视频通话等多媒体服务，满足了人们对多样化通信需求的迫切需求。

其次，3G 移动通信技术的商用推出加快了移动互联网应用的普及和发展。3G 技术提供了更快的数据传输速度和更稳定的网络连接，为移动互联网应用的推广和普及提供了有力支持，促进了移动互联网应用的快速发展和普及，推动了移动互联网时代的到来。

再次，3G 移动通信技术的商用推出推动了数字经济的快速发展。随着 3G 技术的商用推出，移动互联网应用得到了快速普及，移动支付、移动购物等数字经济领域得以快速发展，为数字经济的快速崛起提供了重要支撑，推动了数字经济时代的来临。

最后，3G 移动通信技术的商用推出拉开了移动通信技术快速发展的新篇章。虽然 3G 技术存在着一些局限性，如网络容量有限、建设成本高等问题，但它为 4G、5G 等后续移动通信技术的发展积累了宝贵经验，为未来移动通信技术的发展提供了重要的技术基础和经验总结。

3.5G 的商用化推进

首先，5G 移动通信技术的商用化推进带来了超高速的数据传输能力。相比前几代移动通信技术，5G 技术具有更高的传输速度和更低的延迟，能够更快地传输大容量数据，为高清视频、虚拟现实等应用提供了更加稳定和高效的网络支持。

其次，5G 移动通信技术的商用化推进加速了物联网技术的普及和发展。5G 技术的商用化使得大规模物联网应用成为可能，促进了智能家居、智能制造、智慧城市等领域的快速发展，推动了物联网技术在各个领域的广泛应用和深度融合。

再次，5G 移动通信技术的商用化加快推动了数字经济的快速升级和转型。5G 技术的商用化为移动支付、移动医疗、远程教育等数字经济领域提供了更加稳定和高效的网络支持，推动了数字经济的广泛应用和深度发展，助力了数字经济时代的到来。

最后，5G 移动通信技术的商用化推进加速了社会信息化和智能化进程。5G 技术的商用化推动了智慧城市建设、智能交通管理、智能医疗服务等领域的快速发展，提升了社会运行效率和管理水平，促进了社会信息化和智能化水平的提升和升级。

二、数字技术发展对经济转型的启示

（一）促进产业升级和转型

数字技术的发展为传统产业提供了新的发展机遇，促进了产业升级和转型。通过数字化转型，传统产业可以实现生产过程的智能化和自动化，提高生产效率和产品质量，实现产业结构优化和升级。

1. 智能化生产过程的推动

首先，智能化生产过程的推动使得传统产业能够更加精准地掌控生产流程。通过引入物联网技术，不同生产环节的设备和工具可以实现互联互通，实时监测生产过程中的各项指标，从而及时调整生产计划，提高生产效率和产品质量。传统产业借助物联网技术，实现了生产流程的精细化管理，从而使得生产过程更加可控、可预测，大大降低了生产风险和资源浪费。

其次，人工智能在智能化生产过程中发挥着重要作用。传统产业通过引入人工智能技术，可以对生产过程中的数据进行深度分析和学习，识别出潜在的问题和改进空间，并提出有针对性的优化方案。人工智能的运用不仅提高了生产过程的智能化水平，还大幅提升了生产过程的自动化程度，降低了人为因素带来的错误率，保障了生产过程的稳定性和可靠性。

再次，大数据分析技术的应用为智能化生产过程提供了决策支持和优化方案。通过对生产过程中产生的海量数据进行收集、存储和分析，传统产业可以深入了解生产过程中的关键节点和潜在风险，及时调整生产策略，提高生产效率和产品质量。大数据分析技术的运用使得传统产业能够更加精准地把握市场需求和产品特征，提供个性化定制服务，增强了传统产业的市场竞争力和适应性。

最后，智能化生产过程不仅提高了传统产业的生产效率和产品质量，还降低了生产成本。通过实现生产过程的智能化和自动化，传统产业可以降低人力资源投入和能源消耗，减少生产过程中的浪费和损耗，提高资源利用效率和生产效益，进一步促进传统产业的转型升级和可持续发展。

2. 产业结构优化与升级

首先，数字化转型为传统产业带来了管理效率的提升。传统产业通过引入数字化管理系统，实现了对生产、供应链、库存等各个环节的实时监控与管理，使得企业管理更加精细化、科学化。数字化管理系统的应用不仅提高了管理决策的准确性和灵活性，还降低了管理成本，提升了企业的管理效率和竞争力。

其次，数字化转型推动传统产业实现了生产流程的优化升级。通过引入先进的生产技术和生产设备，传统产业可以提高生产效率和产品质量，降低生产成本。数字化技术的广泛应用使得传统产业能够实现生产过程的智能化与自动化，加快了产品创新和更新换代的速度，推动了产业结构向技术密集型、高附加值的方向发展。

再次，数字化转型促使传统产业实现了营销模式的升级。传统产业通过引入数字化营销手段，实现了对市场需求的精准把控和消费者行为的深度分析，提高了产品的市场竞争力和品牌影响力。数字化营销手段的运用使得传统产业能够更好地把握市场趋势和消费者需求，提供个性化定制服务，提升了产品的附加值和市场竞争力。

最后，数字化转型推动传统产业向高附加值、高技术含量方向发展。通过数字化技术的广泛应用，传统产业得以加快创新步伐，不断推出具有自主知识产权的高新技术产品，提高产品的附加值和市场竞争力，实现产业结构的升级与优化，促进了传统产业的可持续发展。

3. 提升产业竞争力和可持续发展能力

首先，数字化转型提升了传统产业的产品质量和创新能力。传统产业通过数字化技术的应用，可以更加精准地监控生产过程中的关键环节，提高产品的质量稳定性和一致性，满足消费者对产品质量的不断提升要求。同时，数字化转型促使传统产业加大对技术研发和创新能力的投入，推出更具竞争力和市场影响力的新产品，提高了企业的产品附加值和市场竞争力。

其次，数字化转型提高了传统产业的市场反应速度和灵活性。传统产业通过数字化技术的应用，可以更加及时地了解市场需求和消费者反馈，快速调整产品结构和销售策略，满足消费者多样化的需求。数字化转型使得传统产业能够更好地应对市场变化和竞争压力，提高了企业的市场占有率和品牌影响力，进一步提升了产业的竞争力和市场地位。

再次，数字化转型促进了传统产业的绿色生产和可持续发展。传统产业通过数字化技术的引入，实现了生产过程的资源节约和能源利用效率的提高，减少了生产过程中的环境污染和能源消耗。数字化转型使得传统产业更加注重生产过程中的环境保护和资源可持续利用，积极探索绿色生产模式和循环经济发展路径，实现了产业的可持续发展目标和生态文明建设要求。

最后，数字化转型促使传统产业实现了全面提升和转型升级。传统产业通过数字化技术的广泛应用，不断提高产品质量和创新能力，加快市场反应速度和灵活性，注重环境保护和资源可持续利用，从而实现了传统产业竞争力和可持续发展能力的全面提升与转型升级。

（二）推动新业态新模式的兴起

数字技术的发展推动了新业态新模式的兴起，为新兴产业和新型业态提供了发展空间。通过互联网技术和移动通信技术，新兴产业可以借助电子商务平台和移动应用程序拓展市场，实现线上线下融合发展，促进了新业态新模式的繁荣发展。

1. 数字技术对新业态新模式的推动

首先，数字技术在当今社会的全面渗透，为新业态新模式的兴起提供了坚实的基础。随着互联网技术的不断发展，包括人工智能、大数据分析、云计算等技术的应用，企业在产品研发、生产制造、营销推广等方面拥有了更多可能性。例如，基于大数据分析，企业可以更精准地定位目标用户，推出符合市场需求的产品和服务，同时通过云计算提高了数据处理的效率和成本效益。

其次，数字化转型在一定程度上改变了传统产业的经营模式，推动了新业态的涌现。以共享经济为例，通过数字平台的搭建，企业与消费者之间的直接互动得以实现，资源利用效率得到了提升。同时，区块链技术的应用使得交易更加安全可靠，为新兴产业提供了更可靠的交易保障。因此，数字化转型不仅改变了传统行业的运营模式，还为新业态的发展提供了有力支撑。

最后，虚拟现实技术的快速发展也为新业态的创新发展提供了巨大动力。以虚拟现实技术在教育、娱乐、旅游等领域的应用为例，通过虚拟现实技术，用户可以身临其境地体验各种场景，大幅提升了用户体验。此外，虚拟现实技术在医疗领域的应用也在手术模拟、康复训练等方面发挥了重要作用，为医疗行业带来了新的发展机遇。

2. 新兴产业的发展空间拓展

首先，随着互联网技术的不断发展，电子商务平台的崛起为新兴产业的发展提供了有力支持。通过电子商务平台，企业可以直接与消费者进行交流和交易，大大降低了传统商业模式中的交易成本，同时打破了地域限制，使得更多企业可以在全球范围内进行业务拓展。

其次，移动应用程序的普及促进了新兴产业的快速发展。通过移动应用程序，企业可以更加便捷地与消费者进行沟通，推广产品和服务。例如，通过移动支付的普及，消费者可以更加便捷地进行交易，促进了消费活动的快速增长，同时推动了新兴产业的迅速崛起。

最后，数字化营销策略的普及与应用大幅提升了新兴产业的市场竞争力。通过利用搜索引擎优化、社交媒体营销等手段，企业可以更精准地定位目标用户群体，提升品牌知名度，同时降低了营销成本。这种数字化营销的策略不仅提升了企业的市场竞争力，也促进了新兴产业的快速发展。

3. 新业态新模式的繁荣发展推动经济转型

首先，随着线上线下融合的不断深入，新业态新模式得以更好地繁荣发展。企业可以通过在线平台展示产品，同时提供线下体验服务，为消费者营造更加完善的购物体验。这种线上线下融合不仅提升了企业的销售额，也提高了消费者的满意度，推动了新业态新模式的进一步创新。

其次，新业态的发展促进了劳动力市场的灵活化。通过共享经济平台，个体创业者可以更加灵活地选择自己的工作时间和工作内容，实现个人价值的最大化。同时，推动了劳动力市场的优化和资源的合理配置，为整个经济体系的高效运转提供了新的动力。

最后，新业态新模式的繁荣发展不仅推动了经济的增长，也带动了经济的转型升级。通过创新驱动，企业不断推出符合市场需求的新产品和服务，加速了传统产业的转型升级。特别是在智能制造、智慧城市建设等领域，新业态的涌现加速了传统产业的数字化、智能化改造，提高了生产效率和管理水平，推动了经济向高质量发展的转变。

（三）提升经济发展质量和效率

数字技术的发展提升了经济发展的质量和效率，推动了经济增长的新动能的形成。通过大数据分析和人工智能技术的应用，企业可以更好地把握市场需求和消费趋势，优化产品设计和服务方案，提高资源配置效率和经济运行效率。

1. 数字技术在经济发展中的质量和效率提升

首先，大数据分析在经济发展中的应用，促进了经济发展质量的提升。通过对海量数据的挖掘和分析，企业可以更加精准地了解消费者需求和市场趋势，制定更为科学有效地市场营销策略和产品研发方案。同时，大数据分析有助于企业优化生产流程和供应链管理，提高生产效率和资源利用效率，从而为经济发展质量提升提供了重要支撑。

其次，人工智能技术在经济发展中的应用，提高了经济发展的效率。通过人工智能技术的支持，企业可以实现生产制造过程的智能化管理，包括智能设备的运行监控、生产流程的优化调整等，从而提高生产效率和产品质量。同时，人工智能技术在客户服务、售后支持等方面的应用，提升了企业与客户之间的互动效率和服务质量，进一步推动了经济发展的效率提升。

最后，数字化金融服务的普及和应用，优化了经济发展中的资金配置效率。通过互联网技术和区块链技术的应用，金融服务的效率得到了大幅提升，包括支付结算的便捷化、融资服务的普惠化等。这不仅促进了资金的更为高效流动，也为企业的融资活动提供了更为便利和灵活的选择，进一步推动了经济发展质量和效率的提升。

2. 数字技术推动新动能的形成

首先，智能制造在经济发展中的推广和应用，促进了经济增长新动能的形成。通过数字技术的支持，企业可以实现生产制造过程的自动化和智能化，提高生产效率和产品质量。同时，智能制造带动了相关产业的发展，包括机器人制造、物联网设备制造等，为经济增长注入了新的活力和动能。

其次，数字化商务的快速发展推动了经济增长新动能的形成。通过电子商务平台和移动应用程序，企业可以更加便捷地进行产品推广和销售，拓展更广阔的市场空间。同时，数字化商务的发展催生了新型商业模式和商业形态，为经济增长注入了新的活力和动能。

最后，数字化服务的不断优化，促进了经济增长新动能的形成。通过移动应用程序和互联网技术的支持，各种服务行业得以更加高效地对接用户需求，提供个性化、定制化的服务体验。例如，共享经济、在线教育、在线医疗等领域的发展，不仅为经济增长注入了新的动能，也提升了人们生活质量和幸福感。

3. 数字技术对经济结构优化升级的影响

首先，数字化技术的广泛应用推动了经济结构向高端制造业的升级。通过智能制造、工业互联网等技术手段的应用，企业实现了生产制造过程的智能化管理，提高了产品质量和技术含量。这种经济结构的升级不仅提升了产业附加值，也推动了整体经济的高质量发展。

其次，数字技术的促进作用推动了经济结构向服务业转型升级。通过移动互联网技术和智能化服务手段的应用，服务业得以更加便捷地为用户提供个性化、定制化的服务体验，满足了人们日益增长的美好生活需求。这种经济结构的转型升级不仅拓展了服务业的发展空间，也丰富了经济发展的内涵和层次。

第三节　数字化对经济产业的影响

一、数字化转型对产业结构的重塑影响

（一）数字经济时代下的产业结构转型

数字经济时代的兴起对传统产业结构产生了深远的影响。随着互联网技术、人工智能、大数据分析等技术的广泛应用，传统产业不断向数字化、智能化转型，传统的分工协作模式逐渐被打破，产业结构呈现出新的特征。特别是在制造业、金融业、服务业等各个领域，数字化转型加速了传统产业结构的重塑，促进了产业升级和转型升级的发展。

1. 数字化经济时代下的产业结构转型

首先，制造业是数字化转型中受影响最为显著的领域之一。随着工业互联网、物联网、智能制造等技术的广泛应用，制造业正朝着数字化、智能化、柔性化方向迅速发展。传统的生产模式正逐渐被智能制造、自动化生产取代，生产线上的设备和机器能够实现智能联网，实时监控生产流程并进行数据分析，大大提高了生产效率和产品质量。数字化转型使得制造业向高端智能制造转型，推动产业结构向技术密集型、高附加值型制造业升级。

其次，金融业的数字化转型对整个产业结构带来了深刻影响。随着金融科技的发展，传统金融机构正在加速向数字化银行、智能投资、区块链金融等新型金融模式转型。互联网金融、移动支付等新兴业态的兴起改变了传统金融服务模式，使得金融服务更加便捷、高效、普惠。数字化转型使得金融业不仅更好地服务于实体经济，也带动了金融业

务的创新与发展，从而推动了产业结构向智能化、多元化方向升级。

最后，服务业是数字经济时代下另一个受到深刻影响的领域。随着互联网技术、移动互联网等的广泛应用，传统的服务业模式正经历着巨大的变革。在线教育、在线医疗、在线娱乐等数字化服务模式的出现，改变了传统服务业的运作模式，使得服务更加个性化、定制化，满足了消费者多样化的需求。数字化转型使得服务业向信息化、智能化方向发展，推动了服务业结构向高附加值、高质量方向转变。

2. 数字化转型对产业升级的推动

首先，数字化转型通过创新技术的引入，推动了传统产业的升级。例如，人工智能、大数据分析等技术的应用，使得企业能够更准确地预测市场需求、优化生产流程、提高产品质量，从而促进了传统产业的技术革新和管理升级，提升了整体产业的竞争力和创新能力。

其次，数字化转型优化了产业的供应链管理，提高了资源的配置效率。通过数字化技术的支持，企业可以实现供应链上下游的信息共享与协同，提高了生产和销售环节的配合效率，降低了库存成本和运营成本。这种数字化供应链管理的改变使得整个产业的资源利用更加高效，为产业升级和转型升级提供了有力支撑。

最后，数字化转型激发了新兴产业的创新，推动了产业结构的多元化发展。新兴产业如人工智能、虚拟现实、区块链等，正以前所未有的速度崛起，为传统产业提供了新的增长点和发展方向。这种数字化转型下新兴产业的崛起与传统产业的转型升级，共同推动了产业结构的优化与多元化发展。

3. 数字化转型对企业竞争力的影响

首先，数字化转型提升了企业的市场竞争力。通过互联网技术、大数据分析等手段，企业可以更好地了解市场需求和消费者行为，精准定位目标客户群体，提供个性化的产品和服务。这种数字化转型使得企业能够更好地应对市场变化，提高市场反应速度，从而提升了企业的市场竞争力和品牌影响力。

其次，数字化转型提高了企业的生产效率和产品质量。通过智能制造、自动化生产等技术手段的应用，企业生产过程得以更精准的控制和管理，提高了生产效率和产品精度，降低了生产成本。这种数字化转型带来的生产效率提升和产品质量提高，使得企业在市场竞争中更具优势。

再次，数字化转型增强了企业的创新能力。通过数字化技术的应用，企业可以更快速地开展市场调研和产品研发，及时捕捉市场变化和消费者需求的变化，推动企业不断推出创新产品和服务。同时，数字化转型促进了企业内部管理体制的创新，使得企业管理更加灵活高效，激发了员工的创新活力和创业精神，推动了企业整体创新能力的提升。

最后，数字化转型拓展了企业的全球化市场。通过互联网技术和电子商务平台的支持，企业可以更便捷地开拓海外市场，拓展国际业务。数字化转型打破了传统的地域限制，使得企业能够更灵活地进行国际合作和交流，促进了全球资源的整合和配置。这种全球化市场的拓展使得企业在面对全球市场竞争时更具备应变能力和竞争优势。

（二）数字化转型加速了产业协同发展

数字化转型也加速了产业之间的协同发展。以产业互联网为代表的新型商业模式不仅在制造业领域得到应用，而且在各个领域都得到推广。产业互联网促进了供应链、价值链的数字化升级，使得各个环节之间的协同更加紧密高效，提升了整体产业的效率和竞争力。这种数字化转型下的产业协同发展，推动了整体产业结构的优化与重构。

1. 数字化转型加速产业协同发展的影响

首先，产业互联网作为数字化转型中的关键概念之一，推动了供应链的数字化升级。通过互联网技术、物联网技术等的应用，企业可以实现供应链上下游各环节的信息共享和实时交互，从供应商到制造商再到销售商，整个供应链的协同效率得到大幅提升。产业互联网的推动使得供应链管理更加智能化和高效化，促进了生产和销售环节之间的紧密协同，为整体产业升级提供了有力支持。

其次，数字化转型也推动了产业价值链的数字化升级，进一步提升了产业之间的协同效率。通过大数据分析、人工智能等技术手段，企业可以更加精准地分析和预测市场需求和消费者行为，优化产品设计和供应链管理，提高产品的市场竞争力和用户满意度。这种价值链的数字化升级使得各个环节之间的协同更加紧密和高效，加速了产品研发周期，提高了产品的市场反应速度。

最后，数字化转型下的产业协同效应不仅提升了企业内部的管理效率，也推动了整体产业结构的优化与重构。各个产业之间的数字化协同使得传统的分工协作模式得以重新定义和优化，产业之间的界限变得更加模糊，不同产业之间展开了更深层次的合作与共赢。这种数字化协同效应促进了产业结构的协同优化与重构，为产业的升级和转型提供了新的发展动力。

2. 产业互联网推动产业协同发展的关键

首先，产业互联网在供应链数字化升级中发挥着关键作用。通过建立智能化的供应链网络，企业能够实现原材料采购、生产制造、产品配送等环节的信息共享和实时监控。这种供应链数字化升级使得企业能够更快速地应对市场变化，更精准地满足消费者需求，提高了整体供应链的协同效率和灵活性。

其次，产业互联网通过数据共享促进了产业的创新与协同。不同企业之间通过共享数据和信息，可以更好地了解市场动态和行业发展趋势，进行更有针对性的产品创新和市场拓展。数据共享促进了产业之间的合作与交流，加速了产业内部和产业之间的知识传播与技术创新，为产业的协同发展提供了坚实基础。

最后，产业互联网的智能化生产模式推动了产业协同效率的提升。通过智能制造技术和物联网技术的应用，不同企业之间的生产设备和工艺流程得以智能化连接和管理，实现了生产过程的全面协同和高效协作。这种智能化生产模式使得产业内部各环节更加紧密协同，提高了生产效率和产品质量，推动了整体产业的协同发展与升级。

3. 数字化协同发展对产业竞争力的提升

首先，数字化协同发展提升了产业的创新能力。通过产业内部和产业之间的紧密合作和协同创新，不同企业能够共同探索技术创新和市场创新的新路径，加速了产品研发和创新成果的转化。这种产业协同发展提升了整体产业的创新能力，推动了产业向技术密集型和知识密集型发展。

其次，数字化协同发展提高了产业供应链的效率。通过供应链数字化升级和协同效应的提升，不同企业之间的物流运输、信息传递等环节得以更加高效的协同进行，降低了物流成本和运营成本，提高了整体供应链的响应速度和灵活性，增强了产业在市场竞争中的优势和竞争力。

最后，数字化协同发展拓展了产业的市场份额和业务范围。通过产业间的合作和协同，不同企业能够共同拓展新的市场空间和业务领域，实现资源的共享和优势互补。这种产业协同发展使得企业能够更快速地进入新兴市场和新领域，提高了企业的市场占有率和品牌影响力，促进了整体产业的持续发展和壮大。

（三）数字化经济对新兴产业的崛起与传统产业的转型

数字经济的发展催生了许多新兴产业的崛起，同时推动了传统产业的转型。以共享经济、区块链、人工智能等为代表的新兴产业，不仅为传统产业带来了新的增长点，也推动了传统产业在数字化转型中的创新与发展。这种数字经济下新兴产业的崛起和传统产业的转型，共同促进了产业结构的优化升级与多元化发展。

1. 数字化经济催生新兴产业的崛起

首先，共享经济作为数字经济中的重要组成部分，通过互联网技术和移动支付手段，为用户提供了更加便捷和灵活的共享服务模式。共享经济的崛起不仅改变了传统产业的商业模式，也创造了新的经济增长点。通过共享经济模式，不同行业间的资源得以更有效的共享利用，促进了社会资源的优化配置和利用效率的提高，推动了新兴产业的快速崛起和发展。

其次，区块链技术作为数字化经济的重要支撑技术之一，为多个行业带来了革命性的变革。在金融、物流、供应链管理等领域，区块链技术的应用使得信息传输更加安全可靠，交易过程更加透明高效。区块链技术的发展促进了新兴产业的涌现，如加密货币、智能合约等新兴产业，为传统产业提供了全新的数字化转型方向。

最后，人工智能技术在数字经济中的广泛应用，催生了诸多新兴产业的崛起。通过人工智能技术，诸如智能制造、智能医疗、智能交通等新兴产业得以迅速发展。人工智能技术的引入不仅提高了产业的自动化水平和智能化程度，也加速了传统产业的转型升级，推动了产业结构的优化与升级。

2. 数字化经济推动传统产业的转型

首先，数字经济的发展对传统制造业产生了深远影响。在数字化转型的推动下，传统制造业加速向智能制造、柔性生产转型，通过物联网、大数据分析等技术手段提高生产效率和产品质量。同时，传统制造业逐步将注意力转向智能化产品和服务的研发与生产，促进了传统制造业的转型升级和新兴产业的涌现。

其次，数字经济为传统金融业带来了全新的挑战与机遇。随着金融科技的发展，传统金融业正加速向数字化转型，推出移动支付、在线银行等新型金融服务模式。数字化转型不仅拓展了金融服务的边界，也催生了金融科技产业的崛起。同时，数字经济促使传统金融机构更加重视风险管理和金融创新，推动了传统金融业向智能化、个性化发展的转型。

最后，传统服务业在数字经济的推动下面临着全新的挑战和机遇。通过互联网技术和移动应用的发展，传统服务业不断向线上拓展，提供更加便捷和个性化的服务。同时，传统服务业在数字化转型中注重提升服务品质和用户体验，推出更多智能化服务产品，以满足日益增长的消费者需求。数字经济的发展推动了传统服务业向数字化、智能化转型，促进了新兴产业和服务业的蓬勃发展。

3.新兴产业崛起与传统产业转型的相互促进

首先，新兴产业的快速崛起推动了技术创新的加速，促进了传统产业的转型。新兴产业通过引入先进的技术和创新模式，推动了传统产业的数字化转型和智能化升级。例如，新兴产业在人工智能、物联网等领域的创新应用，促使传统制造业引入智能制造技术，提高生产效率和产品质量。新兴产业的技术创新不仅为传统产业带来了新的发展机遇，也推动了传统产业向技术密集型和智能化方向转型。

其次，新兴产业的快速发展也拓展了传统产业的业务范围和市场空间。随着新兴产业的不断涌现，市场对智能化、绿色化等产品和服务的需求不断增加，推动了传统产业向绿色环保、智能化方向发展。传统产业在迎合市场需求的同时，加速了技术创新和产品升级，实现了产业结构的优化和转型升级。

最后，新兴产业的发展对人才需求提出了更高的要求，推动了传统产业的人才培养和人力资源优化。随着新兴产业的快速发展，市场对高技能、高素质人才的需求日益增加，传统产业不断加大人才培养和技能提升的力度，提高了整体产业的人力资源素质和竞争力。新兴产业的人才培养也为传统产业的转型升级提供了人才支撑和人才保障。

二、数字化对企业生产管理模式的改变

（一）智能制造推动了企业生产管理模式的智能化升级

智能制造技术的广泛应用，推动了企业生产管理模式的智能化升级。通过物联网技术、机器人技术等的运用，生产线上的设备和工具得以智能化连接和管理，生产过程实现了更高效、精准地控制，大大提高了生产效率和产品质量。同时，智能制造促进了企业生产模式的灵活化调整，使得企业能够更快地响应市场变化和消费需求的变化。

1.智能制造技术对企业生产管理模式的智能化升级

首先，智能制造中的物联网技术应用推动了企业生产管理模式的智能化升级。通过物联网技术，生产线上的设备、机器人和传感器等得以互联互通，实现了生产过程的信息化和数字化管理。生产设备能够实现自主识别、自动调整和自动修复，实现了生产过程的智能化控制和管理。这种智能化的生产管理模式大大提高了生产的效率和灵活性，为企业提供了更多的竞争优势和市场机遇。

其次，智能制造中的机器人技术应用促进了企业生产管理模式的智能化升级。通过机器人技术的运用，企业能够实现生产过程的自动化和智能化。机器人能够替代人工完成重复性、高强度的劳动任务，提高了生产线的生产效率和产品质量。同时，机器人技术的运用使得生产过程更加灵活可控，能够根据市场需求和产品变化进行快速调整和优化，提高了生产管理模式的灵活性和适应性。

最后，智能制造的推动促进了企业生产过程的精益化管理。通过智能制造技术，企业能够更加精准地掌握生产过程中的数据和信息，实现了生产过程的全面监控和管理。这种精准化的生产管理模式使得企业能够更有效地避免生产过程中的浪费和损耗，优化生产流程，降低生产成本，提高产品质量和生产效率。智能制造促进了企业生产管理模式的精益化升级，为企业可持续发展提供了强有力的支撑。

2. 智能制造技术对企业生产模式的灵活化调整

首先，智能制造技术的应用加速了企业生产模式的灵活转换。通过智能制造技术的支持，企业能够更快速地调整生产流程和生产线配置，根据市场需求和产品变化进行生产模式的灵活转换。智能制造使得生产过程更加适应性强，能够更快速地响应市场需求的变化，为企业提供了更大的市场竞争力和灵活性优势。

其次，智能制造中的数据分析技术在生产模式调整中发挥了重要作用。通过对生产过程中产生的大数据进行分析和挖掘，企业能够更加精准地把握市场需求和消费者偏好，调整生产模式和产品设计，提高产品的市场竞争力和用户满意度。数据分析技术的运用使得企业能够更加科学地制订生产计划和调整生产流程，实现生产模式的精细化调整和优化升级。

最后，智能制造提升了企业生产管理模式的动态监控能力。通过智能制造技术的支持，企业能够实时监测生产过程中的各项指标和关键数据，实现了生产过程的全面监控和实时调整。智能制造技术使得生产管理模式更加注重数据的实时分析和处理，能够更快速地发现和解决生产过程中的问题和隐患，提高了生产管理模式的灵活性和风险控制能力。

3. 智能制造技术对企业生产效率的提升

首先，智能制造技术的应用优化了企业生产流程，提高了生产效率。通过智能制造技术的智能化管理和控制，生产流程中的瓶颈环节得以优化和改善，生产过程中的时间和资源得到更合理地利用，提高了生产效率和产出率。智能制造技术的优化使得企业能够更加高效地完成生产任务，满足市场需求的增长和扩大。

其次，智能制造技术的应用提升了产品质量保障和生产安全。通过智能制造技术的质量监控和质量保障措施，企业能够更加全面地保障产品质量和生产安全。智能制造技术的运用使得产品生产过程更加精准可控，能够及时发现和处理生产过程中的质量问题和安全隐患，保障了产品质量和生产安全的稳定性和可靠性。智能制造技术为企业生产管理模式提供了更加全面和有效的质量保障手段，提升了产品的市场竞争力和用户信赖度。

最后，智能制造技术的应用降低了企业生产成本，提升了企业的市场竞争力。通过智能制造技术的运用，企业能够更有效地控制生产过程中的资源消耗和能耗，降低生产成本，提高产品的性价比和市场竞争力。智能制造技术的应用使得生产过程更加节能环保，降低了企业的生产经营成本，为企业持续发展和市场竞争提供了重要的支持和保障。

（二）数字化营销与服务优化了企业合消费者之间的互动模式

数字化营销与服务的发展，优化了企业与消费者的互动模式。通过社交媒体、电子商务平台等数字化渠道，企业可以更直接地了解消费者的需求和反馈，根据消费者的反馈信息调整产品设计和服务策略，提高产品的市场竞争力和用户满意度。数字化营销与服务的改变使得企业能够更精准地定位目标消费群体，有效提升了市场开拓和产品推广的效率。

1. 数字化营销与服务优化了企业和消费者之间的互动模式

首先，社交媒体作为数字化营销的重要手段，优化了企业与消费者的互动模式。通过社交媒体平台，企业可以更加直接地与消费者进行互动和沟通，了解消费者的需求和反馈。企业可以通过发布产品信息、提供专业知识、回答消费者疑问等方式，建立起良好的消费者关系，增强消费者的品牌信任感和忠诚度。同时，通过社交媒体平台的数据分析和挖掘，企业能够更精准地定位目标消费群体，调整营销策略，提高营销效率和市场开拓能力。

其次，电子商务平台在数字化服务中发挥了重要的推动作用，优化了企业与消费者的互动模式。通过电子商务平台，消费者能够更加便捷地获取产品信息、进行产品比较和在线购买，实现了消费者的线上购物体验。同时，企业通过电子商务平台可以实现对产品销售和服务的全面管理，实时监控消费者的购买行为和偏好，为消费者提供个性化的产品推荐和定制化的服务体验。电子商务平台的应用使得企业能够更加精准地把握消费者的需求和偏好，优化产品设计和服务策略，提高了产品的市场竞争力和用户满意度。

最后，数字化营销与服务的发展越来越依赖数据驱动决策。通过数字化营销与服务的各项数据指标和消费者反馈信息的收集与分析，企业能够更全面地了解消费者的购买习惯、消费偏好和市场需求，制定更加精准和有效的营销策略与服务方案。数据驱动决策使得企业能够更加科学地预测市场趋势和消费者需求变化，灵活调整营销策略和服务模式，实现了企业与消费者之间的精准互动和个性化定制。同时，数据驱动决策为企业提供了更多的营销和服务创新的可能性，推动了企业的持续发展和市场竞争力的提升。

2. 数字化营销与服务对企业营销效率的提升

首先，精准营销在数字化营销中发挥了重要作用，提升了企业的营销效率。通过数据分析和挖掘，企业能够更精准地把握消费者的购买需求和消费偏好，实现了对目标消费群体的精准定位和精准营销。精准营销使得企业能够更有针对性地制定营销策略和推广方案，提高了营销的精准度和针对性，降低了营销成本和资源浪费，提升了企业的营销效率和市场开拓能力。

其次，个性化服务在数字化服务中推动了企业与消费者的互动模式升级。通过个性化服务，企业能够根据消费者的消费行为和偏好，为消费者提供定制化的产品推荐和个性化的服务体验。个性化服务使得消费者能够更加满意地获得符合自身需求和偏好的产品和服务，增强了消费者对企业的信任感和忠诚度。个性化服务的推动使得企业能够更好地了解消费者需求，提高了服务质量和用户体验，提升了企业的服务效率和市场竞争力。

最后，在线营销与服务平台的整合优化了企业的营销管理和服务策略。通过将多种在线营销和服务平台进行整合，企业能够更加全面地掌握消费者的购买行为和在线互动数据，实现了对消费者的全程管理和服务跟踪。在线营销与服务平台的整合使得企业能够更有效地进行市场监测和竞争分析，优化营销管理流程和服务响应机制，提高了企业的营销管理效率和市场竞争力。在线营销与服务平台的整合为企业提供了更多的营销管理工具和服务手段，实现了企业与消费者之间更加便捷和高效的互动与交流。

3.数字化营销与服务对消费者体验感和满意度的提升

首先，数字化营销与服务的发展提升了消费者的参与度，进而提升了消费者的体验感。通过数字化营销与服务平台，消费者能够更加便捷地获取产品信息、参与产品讨论和互动，增加了消费者与企业之间的互动机会和参与度。消费者的参与度提高了消费者对产品和服务的了解程度，增强了消费者对产品的信任感和满意度。消费者参与度的提升使得消费者能够更加深入的了解产品特点和服务优势，提高了消费者的购买决策参与度和满意度。

其次，数字化营销与服务的发展满足了消费者个性化需求，提升了消费者的满意度。通过数字化营销与服务平台，消费者能够获取更多个性化的产品推荐和定制化的服务体验，得到更符合自身需求和偏好的产品和服务选择。消费者个性化需求的满足提高了消费者的购买满意度和用户体验，增强了消费者对企业品牌的认同感和忠诚度。消费者个性化需求的满足使得消费者能够更加满意地享受个性化定制的产品和服务，提高了消费者的满意度和忠诚度。

最后，数字化营销与服务的发展完善了消费者的反馈机制，提升了消费者的参与度和满意度。通过数字化营销与服务平台，企业建立了更加完善的消费者反馈机制，及时收集消费者的意见和建议，并针对性地进行产品改进和服务优化。消费者反馈机制的完善使得消费者能够更加直接参与到产品和服务的改善过程中，增强了消费者对企业的信任感和参与感。消费者反馈机制的完善提升了消费者参与度和满意度，推动了消费者与企业之间更加密切和良好的互动与合作关系。

（三）数据驱动决策优化了企业管理决策效率

数据驱动决策成为企业管理中不可或缺的一部分，优化了企业管理决策的效率。通过大数据分析、人工智能等技术手段，企业可以从海量的数据中提取有用信息，进行精准分析和预测，为企业管理层提供更科学、更合理的决策支持。这种数据驱动的决策模式使得企业能够更快地捕捉市场变化和机遇，提高了企业在市场竞争中的敏捷性和应变能力。

1. 数据驱动决策在企业管理中的重要作用

首先，数据驱动决策中，大数据分析发挥了关键作用。通过大数据分析技术，企业可以从海量的数据中提取有价值的信息和模式，了解市场趋势、消费者偏好、竞争对手动态等关键信息。这种数据驱动的决策模式使得企业能够更全面的了解市场环境，制定更精准的市场营销策略和产品规划，提高了企业在市场中的竞争力和应变能力。大数据分析技术的应用使得企业管理层能够更准确地把握市场趋势和发展方向，实现了企业管理决策效率的优化和提升。

其次，人工智能技术在数据驱动决策中扮演着重要角色。通过人工智能技术的支持，企业可以进行更精细的数据分析和预测，深度挖掘数据背后的规律和关联。人工智能技术可以模拟人类的思维方式和决策过程，实现复杂数据的快速处理和分析，提供全面的决策建议和方案。人工智能技术的应用使得企业管理决策更加科学化和智能化，提高了决策的准确性和有效性，为企业管理层提供了更具参考价值的决策支持。

最后，数据可视化技术在数据驱动决策中发挥了重要促进作用。通过数据可视化技术，企业可以将复杂的数据信息以直观、易懂的方式展现出来，帮助管理层更加清晰地了解数据的内在关联和趋势变化。数据可视化技术可以通过图表、图形、仪表盘等形式，直观地展示数据分析结果和决策建议，使得管理层能够更直观地把握企业的运营状况和市场趋势。数据可视化技术的应用使得企业管理决策更加直观化和便捷化，提高了决策的及时性和决策的精准度，为企业管理层提供了更有效的决策支持和决策参考。

2. 数据驱动决策优化了企业管理流程

首先，数据驱动决策优化了企业决策过程。通过数据驱动决策模式，企业管理层能够更加快速、精准地进行决策分析和决策制定，避免了决策过程中的主观偏差和盲目决策。数据驱动决策模式使得企业管理流程更加科学化和规范化，提高了决策的科学性和决策的有效性，为企业提供了更具可靠性的决策保障和决策支持。

其次，数据驱动决策优化了企业资源的配置和利用。通过对企业运营数据和市场数据的分析和挖掘，企业可以更精准地进行资源分配和配置，避免了资源的浪费和冗余。数据驱动决策模式使得企业能够更有效地把握企业运营的关键节点和关键资源，实现了资源的合理配置和最大化利用，提高了企业的资源利用效率和经济效益，为企业的可持续发展提供了重要支持和保障。

最后，数据驱动决策优化了企业的风险管理能力。通过对市场风险、竞争风险、经营风险等多方面数据的分析和评估，企业能够更全面地了解企业面临的各种风险和挑战，制定更有效的风险防控策略和风险管理措施。数据驱动决策模式使得企业能够更及时地发现和应对潜在的风险因素，提高了企业的风险应对能力和抗风险能力，保障了企业的稳定经营和可持续发展。

第三章 数字经济生态系统的概念和构成

第一节 数字经济生态系统的定义和要素

一、数字经济生态系统的内涵和外延界定

（一）数字经济生态系统的内涵

数字经济生态系统不仅仅是一个简单的经济体系，它更是一种由多个组成要素相互作用构成的复杂网络。数字经济主体作为系统的核心参与者，包括企业、创业者、消费者等，它们在数字化技术的驱动下相互连接、相互影响。数字化产业链是生态系统的骨架，它由各类产业环节组成，包括生产、流通、销售和服务等。数字技术平台提供了技术基础设施和支持，为数字化产业链的运转提供关键保障。数字化基础设施包括网络、云计算、数据中心等，构建了数字经济生态系统的基础支撑。数字化服务通过电子商务、数字化支付、在线咨询等形式为生态系统提供服务支持。

（二）数字经济生态系统的外延界定

数字经济生态系统的外延覆盖了数字经济的各个领域和方面。它不仅包括了传统的制造业、零售业等领域的数字化转型，也涵盖了新兴的数字媒体、数字金融、智慧物流等领域的发展。另外，数字化技术在教育、医疗、文化等社会领域的应用也丰富了数字经济生态系统的外延。数字化基础设施的建设不仅涉及了网络基础设施的完善，还包括了数据隐私保护、信息安全管理等方面。数字化服务的扩展不仅包括了基础的电子商务服务，还涵盖了社交媒体营销、大数据分析等多种形式。

1. 数字经济生态系统的外延界定

首先，数字经济生态系统的外延覆盖了传统产业的数字化转型。传统的制造业、零售业等领域通过数字化技术的应用，实现了生产、销售和服务环节的智能化升级，提高了生产效率和产品质量。制造业中的智能制造、智能物流等技术的运用，为传统产业带来了全新的发展机遇和业务模式。零售业中的电子商务平台和数字支付系统的发展，为消费者提供了更便捷、多样化的购物方式和支付方式，促进了消费者消费体验感的提升和市场需求的扩大。

其次，数字经济生态系统的外延包括新兴产业的发展与壮大。新兴的数字媒体产业通过互联网、社交媒体等平台的发展，为人们提供了丰富多样的信息传播和沟通方式，

丰富了人们的精神文化生活。数字金融产业的发展通过金融科技的创新，推动了金融服务的普惠化和便捷化，促进了金融体系的完善和金融风险的控制。智慧物流产业通过物联网、大数据分析等技术的应用，实现了物流运输的智能化管理和高效运作，提高了物流服务的质量和效率，促进了物流行业的发展和现代化转型。

最后，数字经济生态系统的外延涵盖了数字化技术在社会领域的广泛应用与拓展。在教育领域，数字化技术的应用促进了教育资源的共享和教学方式的创新，提高了教育的普及率和质量。在医疗领域，数字化技术的应用推动了医疗信息化和远程医疗的发展，提高了医疗服务的效率和质量，促进了医疗资源的优化配置和医疗体系的完善。在文化领域，数字化技术的应用丰富了文化产品的形式和内容，拓展了文化产业的发展空间，促进了文化产业的创新和文化传承的保护。

2. 数字经济生态系统的外延界定的影响

首先，传统产业的数字化转型为产业结构优化和升级带来了新的机遇和挑战。传统制造业的智能化升级虽然提高了生产效率和产品质量，但也对劳动力结构和人才需求提出了新的要求；传统零售业的电子商务化转型虽然拓展了市场空间，但也加剧了市场竞争和渠道变革。传统产业的数字化转型不仅带来了经济效益的提升，也带来了产业结构的深刻变革和调整。

其次，新兴产业的发展与壮大为经济发展注入了新的活力和动力。数字媒体产业的繁荣丰富了人们的精神文化生活，推动了文化产业的发展和文化软实力的提升。数字金融产业的壮大促进了金融服务的普惠化和便捷化，推动了金融体系的改革和创新。智慧物流产业的发展提高了物流运输的效率和服务质量，促进了物流行业的现代化转型和国际竞争力的提升。

最后，数字化技术在社会领域的应用与拓展为社会发展和人民生活带来了诸多便利及福祉。教育领域的数字化技术应用促进了教育均衡发展和教育质量提升，推动了人才培养和人力资源优化。医疗领域的数字化技术应用提高了医疗服务的效率和质量，促进了健康医疗产业的发展和医疗资源的均衡配置。文化领域的数字化技术应用丰富了文化产品形态和文化传播途径，推动了文化产业的创新和文化软实力的提升。

二、关键要素在数字经济生态系统中的作用分析

（一）数字经济主体的作用

数字经济主体是数字经济生态系统中的核心驱动力量，它们通过创新和实践推动着整个生态系统的发展。企业作为主要的参与者，通过数字化技术的应用拓展了市场边界，提升了生产效率，改善了消费体验。创业者的涌现为生态系统带来了新的商业模式和经营理念，促进了经济结构的优化和创新能力的提升。消费者的参与则引导着产品和服务的不断升级，推动着市场需求的变革和扩大。

1. 企业的角色与作用

企业作为数字经济生态系统中的重要参与者，承担着推动经济增长和创新发展的重

要使命。在数字经济时代，企业通过数字化技术的应用，拓展了市场边界，实现了线上线下融合发展，提升了产品和服务的可及性与便利性。数字化技术的应用使得企业能够更精准地把握市场需求和消费趋势，优化产品设计和服务方案，提高资源配置效率和经济运行效率。同时，企业的创新活动和实践探索推动着整个数字经济生态系统的创新和发展，促进了经济结构的优化和产业升级的推进。

2. 创业者的作用与影响

创业者作为数字经济生态系统中的新生力量，通过创新和创业活动推动着整个生态系统的持续发展和创新升级。创业者的涌现为数字经济生态系统注入了新的商业模式和经营理念，促进了经济结构的优化和创新能力的提升。他们通过技术创新和商业模式的突破，探索新的市场空间和商业机会，推动了产业结构的升级和优化。创业者的活动不仅为自身创业事业带来了发展机遇，也为整个数字经济生态系统的创新发展提供了新的动力和活力。

3. 消费者的参与引领

消费者作为市场需求的重要来源，通过消费行为的变革引领着产品和服务的不断升级和优化。在数字经济时代，消费者对产品质量、服务体验和消费环境提出了更高的要求和期待。消费者的参与不仅推动着产品和服务的不断升级和改善，也引导着市场需求的变革和扩大。消费者的反馈和意见为企业提供了重要的改进方向与产品优化建议，促进了企业的持续创新和发展。消费者的参与使得市场竞争更加激烈，企业应不断提高产品质量和服务水平以满足消费者日益增长的需求。

（二）数字化产业链的作用

数字化产业链作为数字经济生态系统的基础架构之一，承载着数字化经济活动的各个环节。它通过数字技术的运用，实现了生产、流通、销售和服务的智能化升级，推动了生产效率和资源利用效率的提升。数字化产业链的发展不仅促进了传统产业的数字化转型，也催生出许多新兴产业和业态，推动了产业结构的优化和升级。

1. 生产效率的提升

数字化产业链通过数字技术的应用，实现了生产过程的智能化管理和控制，从而提升了生产效率和资源利用效率。生产环节中的智能制造、智能物流等技术的运用，使得生产过程更加精细化和自动化，减少了人力资源的浪费和能源资源的消耗，提高了生产的质量和效率。数字化产业链的发展使得传统产业能够更好地适应市场需求的变化，实现生产方式的智能化转型，推动了整体产业生产能力的提升和升级。

2. 流通效率的提高

数字化产业链的发展促进了流通环节的智能化升级和优化，提高了产品的流通效率和市场覆盖率。通过数字化技术的应用，传统产业的供应链和价值链得以优化和整合，实现了生产、流通、销售的无缝衔接和智能化管理。数字化产业链的发展使得产品的生产和销售更加高效和精准，减少了流通环节中的信息传递和物流配送中的误差和延误，提高了产品的市场竞争力和流通效率，促进了产品的快速推广和市场份额的扩大。

3. 资源利用效率的提升

数字化产业链的发展通过数字技术的应用，实现了资源配置和利用的精细化管理和优化，提高了资源利用效率和经济效益。通过大数据分析、人工智能等技术手段，传统产业能够更精准地把握市场需求和消费趋势，优化产品设计和服务方案，减少了资源的浪费和能源的消耗，提高了资源的利用率和经济运行效率。数字化产业链的发展使得传统产业能够更加合理地配置和利用资源，推动了资源的可持续利用和生态环境的保护。

（三）数字技术平台的作用

数字技术平台作为数字经济生态系统的重要支撑，为各类数字化经济活动提供了技术保障和基础设施支持。它通过整合和创新，提供了丰富的技术服务和解决方案，推动了数字化技术的应用和创新。数字技术平台的发展促进了数字经济生态系统的协同作用和融合发展，加速了数字经济的创新升级和智能化发展。

1. 技术服务的提供

数字技术平台作为数字经济生态系统的重要支撑，为各类数字化经济活动提供了丰富的技术服务和解决方案。它整合了各类数字技术资源和服务，为企业和个人提供了包括云计算、大数据分析、人工智能、区块链等在内的多种技术支持。数字技术平台的发展为用户提供了定制化的技术服务和解决方案，帮助企业和个人快速实现数字化转型和智能化升级，促进了数字经济生态系统的协同作用和融合发展。

2. 创新环境的构建

数字技术平台的发展构建了开放、共享的创新环境，为创新者和创业者提供了良好的技术创新平台和创业孵化环境。它通过提供技术资源和服务支持，促进了技术研发和创新成果的转化，推动了科技成果的商业化和产业化应用。数字技术平台的发展为创新者和创业者提供了更广阔的发展空间和创新机遇，推动了数字经济生态系统的创新升级和智能化发展。

3. 智能化应用的推进

数字技术平台的发展推动了数字技术的普及和智能化应用的推进，为各行业和领域的数字化转型和智能化升级提供了重要支撑。它通过提供智能化技术和解决方案，帮助企业和个人实现生产、管理和服务的智能化升级，提高了生产效率和产品质量，优化了资源配置和利用效率。数字技术平台的发展为智能制造、智慧城市、智能交通等领域的发展提供了重要的技术支持和应用保障，推动了数字经济生态系统的智能化发展和创新升级。

（四）数字化基础设施的作用

数字化基础设施作为数字经济生态系统的基础支撑，为数字化经济活动的展开提供了必要的技术和设施保障。它通过网络通信、数据存储和处理等功能，促进了信息交流和资源共享，推动了数字经济生态系统的全面发展和智能化升级。数字化基础设施的完善不仅提高了生产效率和管理效率，也促进了数字化服务的普及和升级，为数字经济生态系统的持续发展提供了可靠的技术支持和保障。

1.信息交流的促进

数字化基础设施通过网络通信等功能，促进了信息的快速交流和广泛共享，推动了数字经济生态系统中信息的传递和沟通。它提供了稳定的网络环境和高效的数据传输通道，为企业和个人提供了畅通无阻的信息交流平台和交互空间。数字化基础设施的发展加速了信息的传播和共享，促进了产业链上下游之间的合作与协同，推动了数字经济生态系统中信息资源的共享和利用，促进了数字经济的全面发展和智能化升级。

2.资源共享的提升

数字化基础设施为企业和个人提供了安全可靠的数据存储和处理平台，促进了资源的共享和利用效率的提升。它提供了强大的数据存储和处理能力，为企业和个人提供了可靠的数据管理和应用支持。数字化基础设施的发展加强了数据的安全保障和隐私保护，促进了资源的共享和利用效率的提升，推动了数字经济生态系统中资源的整合和利用，促进了数字经济的全面发展和智能化升级。

3.智能化升级的推动

数字化基础设施为企业和个人提供了智能化升级的基础支撑和保障，推动了数字化服务的普及和升级。它提供了智能化的数据处理和管理系统，为企业和个人提供了智能化升级的技术支持和解决方案。数字化基础设施的发展加速了数字化服务的普及和升级，促进了数字经济生态系统中服务质量的提升和用户体验的改善，推动了数字经济的全面发展和智能化升级。

第二节　数字经济生态系统的参与者

一、数字经济生态系统的参与者

（一）政府、企业和个人在数字经济生态系统中的角色

在数字经济生态系统中，政府扮演着引导和监管的角色。政府通过政策制定和监管措施，引导数字经济的健康发展，促进数字经济生态系统的良性循环。企业作为数字经济生态系统中的主要参与者和推动者，通过技术创新和商业模式创新推动着数字经济生态系统的发展和升级。个人作为消费者和创新者，参与着数字经济生态系统的各个环节，通过消费行为和创新需求推动着数字经济生态系统的持续发展和创新升级。

1.政府在数字经济生态系统中的角色

政府在数字经济生态系统中承担着引导和监管的重要角色。

（1）政府在数字经济生态系统中的角色

首先，政府在数字经济生态系统中通过制定相关政策和法规，引导数字经济发展方向，促进数字经济的健康成长。这些政策涵盖了数字经济的各个方面，包括数据安全、网络治理、电子商务等，为数字经济的发展提供了战略性指导和政策支持。同时，政府

通过规范监管市场秩序，维护公平竞争环境，防范市场垄断和不正当竞争行为，保障了数字经济生态系统的良性运转和健康发展。

其次，政府承担着推动数字基础设施建设和网络安全保障的责任，为数字经济的发展提供了有力支持和保障。在数字化经济发展过程中，政府加大了对网络基础设施建设的投入，促进了数字经济生态系统基础设施的完善和提升。同时，政府加强了网络安全监管和管理，制定了一系列网络安全法规和标准，提升了数字经济生态系统的安全防护能力，保障了数字经济生态系统的稳定运行和可持续发展。

（2）政府在数字经济生态系统中的角色的重要性

首先，政府通过制定相关政策和法规，引导数字经济的发展方向，为数字经济的健康成长提供了重要支持和保障。有效的政策引导可以促进数字经济生态系统的优化升级和结构调整，推动数字经济的全面发展和创新升级。另外，政策引导也有利于激发企业创新活力，促进数字经济生态系统的良性竞争和可持续发展。

其次，政府在推动数字基础设施建设和网络安全保障方面发挥着关键作用。完善的数字基础设施为数字经济生态系统的发展提供了坚实基础，促进了数字经济生态系统各个环节的协同发展和融合创新。同时，强化网络安全保障措施有助于提升数字经济生态系统的安全性和稳定性，保护了数字经济生态系统的信息安全和数据隐私，维护了数字经济生态系统的可持续发展和安全运行。

2. 企业在数字经济生态系统中的角色

企业作为数字经济生态系统中的主要参与者和推动者，发挥着关键的作用。

（1）企业在数字经济生态系统中的角色

首先，企业在数字经济生态系统中通过不断进行技术创新和商业模式创新，推动着数字经济生态系统的持续发展和创新升级。它们不断探索先进的科技手段和数字化应用，推出符合市场需求的新产品和服务。通过引入新技术、新产品和新服务，企业不断满足消费者不断变化的需求，促进了数字经济生态系统的创新发展和升级。

其次，企业在数字经济生态系统中承担着创造就业机会和促进经济增长的重要责任。数字经济的快速发展带动了相关产业的蓬勃发展，为社会创造了大量的就业机会，提高了就业率和生活质量。同时，企业的发展促进了相关行业的经济增长，带动了国民经济的持续健康发展，为社会经济繁荣作出了积极贡献。

（2）企业在数字经济生态系统中的角色的重要性

首先，企业作为数字经济生态系统的重要参与者，通过不断地技术创新和商业模式创新，推动着数字经济生态系统的持续发展和创新升级。它们不断推出适应市场需求的新产品和服务，丰富了数字经济生态系统的产品线，促进了数字经济生态系统的多元发展和创新升级。

其次，企业在数字经济生态系统中的活动不仅为自身发展带来了机遇，也为整个数字经济生态系统的良性循环作出了重要贡献。它们通过开展跨界合作和创新实践，促进了数字经济生态系统的协同发展，推动了整个数字经济生态系统的良性循环，为数字经济的可持续发展和稳健运行提供了有力支撑和保障。

3. 个人在数字经济生态系统中的角色

个人作为数字经济生态系统中的消费者和创新者，发挥着不可或缺的作用。

（1）个人在数字经济生态系统中的角色

首先，个人作为数字经济生态系统中的消费者，通过自身的消费行为推动着各类产品和服务的需求扩大，促进了市场供需的平衡和优化。他们的消费选择和消费行为直接影响着市场的竞争格局和产品的供给结构。个人的消费需求不仅推动了企业的产品升级和服务优化，也促进了数字经济生态系统的健康发展和持续壮大。

其次，个人作为创新者，通过提出新的需求和创新理念，激发了企业的创新活力，推动了数字经济生态系统的持续发展和创新升级。他们的多样化需求和创新理念为企业的产品设计和服务模式提供了新的思路和方向，促进了数字经济生态系统的不断创新和发展。个人的创新需求不仅促进了企业的技术升级和产品更新，也推动了数字经济生态系统的创新驱动和发展动力。

（2）个人在数字经济生态系统中的角色的重要性

首先，个人通过参与数字经济生态系统的各个环节，推动了数字经济生态系统的普及和发展。他们的消费行为和创新需求不仅为数字经济的发展带来了新的增长点，也促进了数字经济生态系统的持续健康发展和多元化壮大。个人的积极参与不仅推动了数字经济生态系统的产品和服务的不断更新和升级，也促进了数字经济生态系统的多元化发展和持续壮大。

其次，个人作为数字经济生态系统中不可或缺的一部分，通过消费行为和创新需求推动了整个数字经济生态系统的良性循环。他们的积极参与和合理消费不仅为数字经济的健康发展提供了重要动力，也为数字经济生态系统的良性循环和可持续发展提供了重要支撑和保障。

（二）不同参与者间的利益关系与协同作用

政府、企业和个人在数字经济生态系统中形成了紧密的利益关系和协同作用。政府通过政策引导和监管保障，为企业和个人提供了良好的发展环境和市场秩序。企业通过技术创新和商业模式创新，满足了个人消费需求，促进了数字经济生态系统的持续发展和创新升级。个人通过消费行为和创新需求，激发了企业的创新活力，推动了数字经济生态系统的创新发展和智能化升级。

1. 参与者间的利益关系与协同作用

首先，政府在数字经济生态系统中的政策引导和监管保障为企业提供了良好的发展环境和市场秩序。政府通过建立公平竞争的市场环境和完善的法律法规体系，保障了企业的正常经营和良性发展。同时，政府通过推动数字基础设施建设和科技创新，为企业提供了技术支持和保障，促进了企业的技术升级和创新发展。政府和企业之间的合作协同作用不仅推动了数字经济生态系统的发展和壮大，也促进了社会经济的持续增长和稳定发展。

其次，政府通过制定相关政策和法规，保障个人的合法权益和公民权利，为个人提供了良好的发展环境和社会保障体系。政府的公共服务和社会管理为个人的生活提供了保障和便利，促进了个人的健康发展和社会融合。同时，政府通过教育和就业政策，提升了个人的职业技能和就业能力，促进了个人的自我实现和社会发展。政府和个人之间的合作协同作用不仅推动了社会公平和公正的实现，也促进了社会和谐稳定的发展和进步。

2.参与者间的利益关系与协同作用的重要性

首先，政府、企业和个人之间的紧密合作和协同作用推动了数字经济生态系统的良性发展。他们共同推动着数字经济生态系统的创新升级和智能化发展，促进了数字经济生态系统的持续健康发展和多元化壮大。他们的合作协同作用不仅推动了数字经济的全面发展和创新升级，也促进了数字经济生态系统的协同作用和融合发展，推动了数字经济生态系统的健康循环和可持续发展。

其次，政府、企业和个人之间的利益关系和协同作用不仅推动了数字经济生态系统的发展和壮大，也促进了社会经济的稳定增长和持续发展。他们共同推动着社会经济的创新发展和智能化升级，促进了社会经济的结构优化和产业升级。他们的合作协同作用不仅推动了社会经济的多元化发展和持续壮大，也促进了社会和谐稳定的发展和进步。

二、数字经济生态系统的参与者的作用的影响

（一）政府、企业和个人在数字经济生态系统中的角色的影响

政府的引导和监管不仅促进了数字经济生态系统的健康发展，也为数字经济的可持续发展提供了重要保障。企业作为推动者和创新者，不仅推动了数字经济生态系统的持续发展，也为数字经济的创新升级提供了不竭动力。个人作为消费者和创新者，不仅推动了数字经济生态系统的需求扩大，也促进了数字经济的创新发展和智能化升级。

1.政府的引导和监管作用

首先，政府在数字经济生态系统中的引导作用至关重要。通过制定相关政策和法规，政府为数字经济的发展指明了方向。政策的制定涉及产业政策、创新政策、数据管理政策等多个方面，旨在推动数字经济的创新发展和协同升级。政府的引导作用为数字经济生态系统的健康发展提供了坚实的制度保障和政策支持。

其次，政府在数字经济生态系统中的监管作用发挥了关键作用。监管作用维护了数字经济市场的公平竞争环境，防止了不正当竞争和市场垄断的发生。政府通过建立健全的市场监管机制和法规体系，监督数字经济市场的运行，保障了市场秩序的稳定和规范。同时，政府的监管作用加强了数字经济生态系统中各参与主体的责任意识和合规意识，促进了数字经济市场的健康发展。

再次，政府通过搭建平台和提供支持，推动数字经济生态系统的协同发展。政府通过设立数字经济发展基金、建设数字经济产业园区等措施，为企业和个人提供了更多的发展机遇和支持平台。另外，政府还通过组织各类数字经济峰会、交流会等活动，促进

了数字经济生态系统中不同参与主体之间的合作与交流，加速了数字经济生态系统的协同发展和创新升级。

最后，政府通过加强国际合作和开放政策，促进了数字经济生态系统的国际化发展。政府通过推动数字经济国际合作项目、签署数字经济合作协议等举措，拓展了数字经济生态系统的国际交流与合作渠道。同时，政府通过制定开放政策、吸引外资等措施，促进了数字经济生态系统的国际化发展和全球化融合。

2. 企业的推动和创新作用

首先，企业在数字经济生态系统中的技术创新作用不可忽视。通过不断引入新的技术和工艺，企业提升了生产效率和产品质量，实现了数字化生产流程的智能化升级。企业通过数字化技术的应用，实现了生产过程的智能监控和管理，提高了生产效率和产品质量的稳定性，满足了消费者对高品质产品的需求。

其次，企业在数字经济生态系统中的商业模式创新作用显著。通过构建多元化的商业模式和服务体系，企业拓展了产品和服务的市场边界，实现了全渠道销售和服务的无缝对接。企业通过数字化技术的运用，实现了线上线下的融合发展，打造了更加智能化、个性化的产品和服务体验，满足了消费者多样化的消费需求和体验要求。

再次，企业通过开展跨界合作和创新实践，促进了数字经济生态系统的协同发展。企业之间通过资源共享和技术合作，实现了技术创新和成本优化，推动了数字经济生态系统的整体协同发展。同时，企业通过参与行业联盟和跨界合作项目，促进了数字经济生态系统的开放共赢和良性竞争，加速了数字经济生态系统的创新升级和智能化发展。

最后，企业通过不断提升管理水平和人才培养，提高了数字经济生态系统的整体竞争力。企业通过引入优秀人才和推行先进管理制度，提高了组织的学习能力和创新能力，为数字经济生态系统的可持续发展提供了有力支撑。同时，企业通过不断提升服务水平和品牌形象，提升了消费者对企业产品和服务的信任度和满意度，促进了数字经济生态系统的良性循环和协同发展。

3. 个人的消费和创新作用

首先，个人的消费需求在数字经济生态系统中起到了推动作用。个人的消费行为不仅满足了日常生活和工作的需求，也促进了数字经济生态系统中各类产品和服务的需求扩大。个人通过消费行为驱动了数字经济生态系统中产品和服务的不断升级和优化，促进了数字经济生态系统的多元化发展和创新升级。

其次，个人作为创新者在数字经济生态系统中发挥着重要作用。个人通过提出新的消费需求和创新理念，激发了企业的创新活力，推动了数字经济生态系统的持续创新发展。个人通过对产品和服务的不断反馈和建议，促进了企业的产品研发和服务升级，推动了数字经济生态系统的智能化升级和创新发展。

再次，个人的参与促进了数字经济生态系统的社会化发展。个人通过社交媒体和数字化平台的参与，推动了数字经济生态系统中信息的传播和共享，促进了数字经济生态系统的社会化发展和多元化交流。个人通过个性化的消费行为和定制化的需求提出，拓展了数字经济生态系统的服务边界，推动了数字经济生态系统的个性化发展和社会化升级。

最后，个人的参与促进了数字经济生态系统的可持续发展。个人通过对环境保护和可持续发展的关注，促进了数字经济生态系统的生态友好型发展，推动了数字经济生态系统的绿色化升级和可持续发展。个人通过参与公益活动和社会责任行动，促进了数字经济生态系统的社会化发展和多元化参与，为数字经济生态系统的可持续发展贡献了力量。

（二）不同参与者间的利益关系与协同作用的影响

不同参与者间的利益关系和协同作用不仅促进了数字经济生态系统的协同发展，也为数字经济的持续发展提供了更广阔的发展空间和创新机遇。政府、企业和个人之间的紧密合作和互动加强了数字经济生态系统的协同作用和融合发展，推动了数字经济的全面发展和创新升级。另外，政府、企业和个人之间的良性互动和合作也加速了数字经济生态系统的创新升级和智能化发展。

1. 促进数字经济生态系统的协同发展

首先，政府、企业和个人之间的利益关系促进了数字经济生态系统的协同发展。政府通过政策引导和监管保障为企业和个人提供了良好的发展环境和市场秩序，促进了数字经济生态系统的健康发展。企业通过技术创新和商业模式创新不断满足个人消费需求，推动了数字经济生态系统的持续发展和创新升级。个人通过消费行为和创新需求激发了企业的创新活力，促进了数字经济生态系统的创新发展和智能化升级。

其次，政府、企业和个人之间的协同作用促进了数字经济生态系统的协同发展。政府通过政策引导和监管促进了数字经济生态系统的健康发展，为企业和个人的发展提供了保障。企业通过技术创新和商业模式创新满足了个人的消费需求，推动了数字经济生态系统的持续发展和创新升级。个人通过消费行为和创新需求推动了企业的创新活力，促进了数字经济生态系统的创新发展和智能化升级。

再次，政府、企业和个人之间的合作加强了数字经济生态系统的协同作用和融合发展。政府通过政策引导和监管促进了数字经济生态系统的健康发展，为企业和个人的发展提供了良好环境。企业通过技术创新和商业模式创新满足了个人的消费需求，推动了数字经济生态系统的持续发展和创新升级。个人通过消费行为和创新需求推动了企业的创新活力，促进了数字经济生态系统的创新发展和智能化升级。

最后，政府、企业和个人之间的协同作用加速了数字经济生态系统的创新升级和智能化发展。政府通过政策引导和监管促进了数字经济生态系统的健康发展，为企业和个人的发展提供了保障。企业通过技术创新和商业模式创新不断满足个人消费需求，推动了数字经济生态系统的持续发展和创新升级。个人通过消费行为和创新需求推动了企业的创新活力，促进了数字经济生态系统的创新发展和智能化升级。政府、企业和个人之间的协同作用加速了数字经济生态系统的创新升级和智能化发展，推动了数字经济的全面发展和智能化升级。

2. 加速数字经济生态系统的创新升级

首先，政府在推动数字经济生态系统的创新升级方面发挥着重要作用。政府通过制订支持创新的政策措施和投资计划，激励企业加大研发投入，推动数字经济技术的创新与升级。此外，政府还加强对数字经济领域的监管，促进数字经济行业的健康发展，为数字经济生态系统的创新升级提供了稳定的法律和政策环境。

其次，企业在数字经济生态系统的创新升级中起着关键作用。企业通过不断引进前沿技术和加大科研创新投入，推动了数字经济技术的不断创新和升级。同时，企业之间的合作与交流促进了技术的共享和交叉融合，加速了数字经济生态系统的创新发展和智能化升级。

再次，个人作为消费者和创新者，通过提出新的需求和创新理念激发了企业的创新活力，推动了数字经济生态系统的持续创新升级。个人通过积极参与数字经济产品和服务的消费，推动了数字经济产品和服务的不断改进和升级，为数字经济的创新升级贡献了力量。

最后，政府、企业和个人之间的紧密合作和互动加速了数字经济生态系统的创新升级和智能化发展。政府的政策引导和监管保障为企业和个人的创新提供了良好的环境和支持，促进了数字经济生态系统的创新升级。企业通过技术创新和商业模式创新不断满足个人的消费需求，推动了数字经济生态系统的持续发展和创新升级。个人通过消费行为和创新需求推动了企业的创新活力，促进了数字经济生态系统的创新发展和智能化升级。政府、企业和个人之间的协同作用加速了数字经济生态系统的创新升级与智能化发展，推动了数字经济的全面发展和智能化升级。

第三节 生态系统中的关系和互动

一、各参与者之间的合作与竞争关系分析

（一）政府与企业之间的合作与竞争

政府与企业之间的合作与竞争关系是数字经济生态系统中的重要组成部分。一方面，政府通过政策引导和监管扶持企业的创新发展，为企业提供了稳定的发展环境和政策支持；另一方面，政府在一定程度上与企业竞争，特别是在数字化服务和公共服务领域。政府的数字化服务项目可能会与企业提供的类似服务产生竞争，因此需要寻求合作与共赢的模式，保障公共利益和市场竞争的平衡。

首先，政府作为引领者和监管者，通过制定包容性政策框架和创新型监管机制，为企业提供了稳定的发展环境和政策支持。在数字经济快速发展的背景下，政府的政策引导可以激励企业投入更多资源和精力用于数字技术的研发及应用，推动整个经济体系向数字化转型。同时政府的监管作用至关重要，其责任涵盖了确保市场竞争的公平性、维

护数据安全和个人隐私、监管消费者权益保护等方面。通过建立完善的法规体系和监管机制，政府有能力规范数字经济市场秩序，防范市场垄断和不当竞争行为，促进数字经济的健康、有序发展。

其次，政府与企业之间存在一定程度的竞争关系，尤其是在数字化服务和公共服务领域。政府提供的数字化服务项目可能与私营企业提供的类似服务形成竞争，这种竞争可能会对企业的市场份额和盈利能力造成一定程度的影响。然而，政府与企业之间的竞争应该被视作促进双方共同进步和提高服务质量的动力。在竞争中，政府需要确保公共利益的最大化，同时维护市场竞争的公平性和有效性。因此，政府需要积极寻求合作与共赢的模式，通过开展公私合作项目、促进政企交流互动等方式，实现政府与企业之间的利益共享和优势互补。

为了更好地平衡政府与企业之间的合作与竞争关系，有必要建立健全的合作机制和良好的沟通渠道。政府可以设立专门的合作机构，与企业进行深入合作，共同推动数字经济的发展和创新。政府应该鼓励企业积极参与政府数字化服务建设，提供支持和资源，同时也要倾听企业的需求和意见，为企业提供更加便利和高效的政策支持和服务。在合作过程中，政府要注重规范合作关系，确保公共利益得到充分保障，同时避免不正当的利益输送和市场扭曲。只有通过政府与企业之间的紧密合作与良性竞争，才能实现数字经济生态系统的可持续、健康发展。

（二）企业与个人之间的合作与竞争

企业与个人之间的合作与竞争关系主要体现在市场供需关系和产品服务创新上。

1. 企业与个人的合作

首先，企业与个人的合作是基于对市场需求的深入理解和分析。在市场经济中，企业需要通过深入地市场调研和消费者分析，了解个人消费者的需求和偏好。通过收集并分析消费者的反馈和行为数据，企业可以更加准确地把握消费者的喜好和趋势，从而调整产品研发和营销策略，提供更加符合个人需求的产品和服务。这种深度了解个人需求的合作模式，可以帮助企业建立与个人消费者之间的密切联系，增强企业的市场竞争力和产品差异化优势。

其次，企业通过建立积极的客户关系管理系统，与个人保持良好的互动和沟通。积极的客户关系管理系统可以帮助企业及时获取个人消费者的反馈和建议，了解消费者的购买偏好和消费习惯。通过有效地沟通和互动，企业可以建立个性化的产品定制和售后服务机制，为个人消费者提供更加贴心和全面的消费体验。这种个性化的互动模式有助于增强企业与个人之间的合作关系，提升企业的品牌忠诚度和声誉，从而为企业长期的可持续发展打下坚实的基础。

再次，企业与个人之间的合作需要建立长期稳定的合作关系。企业应该注重提供稳定可靠的产品和服务质量，保证产品性能和服务效果的稳定性和持续性。通过建立良好的企业形象和品牌信誉，企业可以赢得个人消费者的信任和支持，建立长期稳定的合作关系。长期稳定的合作关系有助于企业在竞争激烈的市场环境中保持稳定的市场地位和盈利能力，同时有助于个人消费者形成稳定的消费习惯和品牌忠诚度。

最后，企业与个人之间的合作不仅是一种经济关系，更是一种社会责任和义务。企业应该承担起社会责任，积极参与社会公益活动，回馈社会和个人消费者。通过开展公益活动和社会慈善项目，企业可以树立良好的企业形象和社会形象，获得社会和个人消费者的认可和支持。社会责任意识的强化有助于增强企业与个人之间的合作关系，提升企业的社会声誉和品牌价值，为企业长期可持续发展注入新的动力和活力。

在市场经济中，企业与个人之间的合作关系是构建可持续商业模式的重要保障。通过深入了解个人需求、建立积极地客户关系管理系统、建立长期稳定的合作关系以及承担社会责任和义务，企业可以与个人消费者建立良好的合作关系，共同推动经济的持续发展和繁荣。

2. 企业与个人的竞争

首先，企业与个人之间的竞争是市场经济运作的基本特征之一。在市场经济中，企业面临着来自个人消费者的多样化需求和偏好，这促使企业不断提高产品质量和服务水平，以满足个人消费者不断变化的需求。企业需要通过不断地产品创新和服务优化，提高产品的竞争力，使其在市场上具有更大的吸引力和竞争优势。通过不断加强品牌营销和推广，企业可以增强其在市场中的知名度和美誉度，从而吸引更多个人消费者的青睐。

其次，个人消费者的消费行为和消费观念直接影响着企业的产品创新和市场定位。个人消费者作为市场中的重要参与者，其购买行为和消费意向对企业的产品定位和营销策略产生重要影响。企业需要不断关注个人消费者的反馈和意见，以便及时调整产品策略和市场定位，以更好地满足个人消费者的需求。对个人消费者需求的准确把握和灵活的市场反应能力，有助于企业在激烈的市场竞争中保持竞争优势和市场地位。

再次，企业之间存在着激烈的竞争关系，特别是在满足个人消费者需求的产品和服务领域。企业通过不断提高产品质量和服务水平，降低产品价格成本，开展有效的市场推广和营销活动，以赢得个人消费者的青睐和支持。在市场竞争中，企业需要具备敏锐的市场洞察力和快速的市场反应能力，不断调整产品策略和销售模式，以适应市场需求的动态变化。企业通过建立差异化竞争优势和品牌价值，能够在激烈的市场竞争中脱颖而出，取得更大的市场份额和盈利空间。

最后，企业与个人之间的竞争关系有助于推动市场的持续发展和繁荣。通过积极地市场竞争，企业不断提高产品质量和服务水平，不断推动产品创新和技术进步，满足个人消费者日益增长的多样化需求。竞争促使企业不断进行产品研发和技术创新，推动市场的不断更新和升级，促进经济的持续增长和发展。企业与个人之间的良性竞争关系有助于促进市场资源的优化配置和提高社会经济效益，为社会经济的可持续发展提供坚实的支撑和保障。

（三）政府、企业和个人之间的合作与竞争

政府、企业和个人之间的合作与竞争关系是数字经济生态系统中复杂多变的关系网。政府、企业和个人之间的合作可以促进数字经济生态系统的协同发展和创新升级，实现

经济效益和社会效益的双赢。然而，也存在着各方之间的竞争关系，特别是在资源分配和市场份额方面，需要在公平竞争的基础上保障各方利益的平衡和协调。

1. 政府、企业和个人之间的合作

首先，政府、企业和个人之间的合作是数字经济生态系统中推动整体发展的关键因素之一。政府通过制定包容性政策和提供支持性措施，为企业和个人提供发展的政策环境和资源保障。政府可以通过鼓励企业创新、提供优惠政策和资金支持等措施，激励企业加大科技研发投入，推动数字经济技术和服务的不断升级。同时，政府可以通过开展数字经济培训和教育活动，提高个人的数字技能水平，促进数字经济生态系统的人才储备和发展。通过政府、企业和个人的紧密合作，数字经济生态系统能够实现资源的高效利用和优势互补，推动整体经济效益和社会效益的双赢局面。

其次，政府、企业和个人之间的合作可以共同应对数字经济发展中面临的各种挑战和风险。政府可以通过制定相关政策和法规，提高数据安全保护水平，保障个人隐私和信息安全。企业可以加强技术研发和创新能力，提高产品和服务的质量和安全性，以满足个人对安全可靠产品的需求。个人可以增强自身的数字素养和安全意识，合理利用数字技术，避免个人信息被泄露和滥用。政府、企业和个人共同协作，建立起有效的风险防控体系，有助于提高数字经济生态系统的安全性和稳定性，促进数字经济的可持续健康发展。

2. 政府、企业和个人之间的竞争

首先，在数字经济生态系统中，政府、企业和个人之间存在着一定程度的资源分配和市场份额竞争。政府通过资源的配置和政策的制定，影响着企业和个人在数字经济市场中的地位和竞争力。企业通过技术创新和市场营销等手段，争夺市场份额和提升竞争优势。个人作为消费者通过选择不同的产品和服务来影响市场竞争格局。在竞争中，需要建立公平竞争的市场环境，避免不正当竞争和市场垄断的出现，保障各方的合法权益和市场公平竞争的原则。

其次，政府、企业和个人之间的竞争还体现在创新能力和市场适应性上。政府通过提供支持和政策引导，影响着企业的创新能力和市场适应性。企业通过不断加强技术研发和产品创新，提高市场竞争力和市场占有率。个人通过消费行为和消费观念的变化，影响着企业的产品定位和市场策略。在竞争中，政府需要建立创新支持体系和创新激励机制，鼓励企业加大创新投入和研发力度，提高市场适应性和产品竞争力，推动数字经济生态系统的持续创新和发展。

3. 合作与竞争的平衡与协调

首先，政府、企业和个人之间的合作与竞争需要在公平竞争和合作共赢的基础上进行平衡与协调。政府在制定相关政策和法规时要坚持公平公正原则，维护市场竞争秩序的公平性。企业在开展竞争和合作时要遵循市场规则和商业道德，不得采取不正当竞争手段，确保竞争的公平性和市场的透明度。个人作为消费者要理性消费，维护自身合法权益，支持和信任有诚信和良好信誉的企业。在合作与竞争的过程中，各方应相互尊重，共同推动数字经济生态系统的可持续发展和繁荣。

其次，政府、企业和个人之间可以通过信息共享和协同发展实现合作与竞争的良性循环。政府可以加强与企业和个人之间的沟通和协调，了解市场需求和发展趋势，为企业提供更好的政策支持和服务保障。企业可以与政府和个人共享市场信息和消费者反馈，了解市场需求和个人消费者的偏好，调整产品策略和市场定位，提高产品的竞争力和市场占有率。个人可以通过参与市场调研和消费者反馈活动，表达消费需求和意见建议，促使企业不断提高产品质量和服务水平，满足个人消费者的需求和期待。信息共享和协同发展有助于建立起政府、企业和个人之间的良好合作关系，促进数字经济生态系统的协同发展和持续繁荣。

最后，政府、企业和个人之间的合作与竞争应当体现可持续发展和社会责任的理念。政府应当通过制定可持续发展的政策和法规，推动数字经济生态系统的可持续发展和绿色发展。企业应当承担起社会责任，加强企业社会责任的履行，推动经济发展与社会效益的良性循环。个人应当树立可持续消费和绿色生活的意识，促进资源的合理利用和环境的保护。政府、企业和个人共同努力，推动数字经济生态系统向着可持续发展和绿色发展的方向发展，共同建设美好的数字经济新时代。

在数字经济生态系统中，政府、企业和个人之间的合作与竞争是相互交织、相互影响的复杂关系。通过建立合作共赢的伙伴关系，加强信息共享和协同发展，积极履行社会责任和推动可持续发展，各方可以共同推动数字经济生态系统的健康发展和持续繁荣。维护合作与竞争的平衡与协调，促进公平竞争和市场公正，有利于推动数字经济生态系统朝着更加开放、包容、绿色、可持续地方向发展，为构建数字经济新格局提供坚实的基础和有力的支撑。

二、数字经济生态系统中关键关系对生态系统稳定性的影响

（一）合作关系对生态系统稳定性的影响

合作关系是维持数字经济生态系统稳定的重要保障。政府与企业、企业与个人之间的合作关系有助于提高资源的利用效率和市场的整体竞争力，可以促进数字经济生态系统的协同发展和稳定运行。

1.政府与企业的合作关系对生态系统稳定性的影响

首先，政府与企业之间的合作关系有助于政策资源的优化配置和科技创新的推动，从而提高数字经济生态系统的整体稳定性。政府可以通过制定支持性政策和提供资金支持，激励企业加大科技研发投入和提高创新能力，推动数字经济技术和服务的不断升级。通过政府提供的政策引导和资源优化，企业能够更好地发挥自身的创新能力和市场竞争力，促进数字经济生态系统的稳定发展和持续繁荣。

其次，政府与企业之间的合作关系有助于建立健全的市场监管机制和公平竞争机制，提升数字经济生态系统的整体运行稳定性。政府通过加强市场监管和维护市场秩序，防范市场垄断和不正当竞争行为，保障市场竞争的公平性和有效性。企业在遵守相关法规

和规范的前提下，能够在公平竞争的市场环境中更好地发挥企业自身的优势和特色，促进数字经济市场的健康稳定发展。

2. 企业与个人的合作关系对生态系统稳定性的影响

首先，企业与个人之间的合作关系有助于提高产品定制和个性化服务水平，提升数字经济生态系统的整体运行稳定性。企业通过深入了解个人消费者的需求和偏好，提供个性化的产品定制和售后服务，满足个人消费者的多样化需求。个人通过提供消费反馈和建议，促使企业不断优化产品和服务质量，提升消费者满意度和忠诚度，促进数字经济生态系统的稳定发展和良性循环。

其次，企业与个人之间的合作关系有助于引导消费行为和满足市场需求，提高数字经济生态系统的整体稳定性。企业通过开展市场调研和消费者洞察活动，了解消费者的购买偏好和消费习惯，根据市场需求调整产品策略和市场定位，满足消费者多样化的需求。个人通过选择合适的产品和服务，反映市场需求和消费趋势，推动企业不断提高产品质量和服务水平，促进数字经济生态系统的健康发展和持续繁荣。

3. 多方合作共同促进生态系统稳定性

首先，政府、企业和个人之间的多方合作共同促进了信息的共享和协同发展，提升了数字经济生态系统的整体运行稳定性。政府通过加强与企业和个人之间的沟通和合作，了解市场需求和发展趋势，为企业提供更好的政策支持和服务保障。企业与个人通过共享市场信息和消费者反馈，实现产品定制和市场需求的精准匹配，推动数字经济生态系统的持续健康发展和繁荣。

其次，政府、企业和个人之间的合作关系有助于推动科技创新和数字经济生态系统的可持续发展，提高生态系统的整体运行稳定性。政府通过提供科技创新支持和资源保障，激励企业加大科技研发投入和提高创新能力，推动数字经济技术和服务的不断升级和完善。企业与个人通过合作共赢和可持续发展理念，共同推动数字经济生态系统朝着绿色、可持续地发展方向迈进，促进生态系统的整体稳定和可持续发展。

（二）竞争关系对生态系统稳定性的影响

竞争关系虽然在一定程度上能够激发创新活力和提高产品的质量和服务水平，但过度激烈的竞争也可能导致市场失衡和资源浪费，对数字经济生态系统的稳定性产生负面影响。因此，需要适度引导和监管市场竞争，保持竞争的公平性和市场的稳定性。

1. 政府与企业的竞争关系对生态系统稳定性的影响

首先，政府与企业之间的竞争关系在一定程度上影响着数字经济生态系统的稳定性。政府通过制定相关政策和法规，影响着企业在数字经济市场中的地位和竞争力。政府在竞争中要注重政策引导与市场均衡，避免过度干预市场和扭曲竞争秩序，保持市场的公平竞争环境和稳定发展态势。同时，政府需通过完善的监管机制，防范市场垄断和不正当竞争行为，促进数字经济市场的健康稳定发展。

其次，政府与企业之间的竞争关系会影响企业的创新活力和技术水平。政府在竞争中要通过提供支持性政策和资源保障，激励企业加大科技创新投入和提高研发能力，提高产品的技术含量和市场竞争力。政府可以通过设立创新基金和科技奖励等方式，鼓励企业加强创新能力和技术研发，推动数字经济生态系统的持续创新和发展。同时，政府需要加强知识产权保护和技术标准规范，保障企业的创新成果和技术成果得到充分的尊重和保护。

2. 企业与个人的竞争关系对生态系统稳定性的影响

首先，企业与个人之间的竞争关系在一定程度上影响着产品的质量和消费者的选择。企业通过提升产品质量和服务水平，竞争吸引更多的个人消费者选择自己的产品和服务。个人通过选择不同的产品和服务，对企业的产品质量和市场竞争力产生直接影响。在竞争中，企业应注重产品质量和消费者体验，不断提高产品的质量和服务水平，赢得消费者的信任和支持，促进数字经济生态系统的健康发展和良性竞争。

其次，企业与个人之间的竞争关系还涉及市场份额和消费者权益的保护。企业通过争夺市场份额和提升竞争优势，影响着数字经济市场的竞争格局和发展方向。个人作为消费者通过选择合适的产品和服务，维护自身的消费权益和利益。在竞争中，企业需要注重市场份额的合理争夺，避免不正当竞争行为和市场垄断现象的出现，维护消费者权益和市场竞争的公平性。

3. 合理引导与监管保障竞争公平性

首先，政府、企业和个人之间的竞争关系需要在公平竞争和市场监管的基础上实现平衡和协调。政府在制定相关政策和法规时要注重维护竞争的公平性和市场的稳定性，防范市场垄断和不正当竞争行为的发生。企业在开展竞争和合作时要遵循市场规则和商业道德，坚持诚信经营，促进市场的健康竞争和良性发展。个人作为消费者要理性消费，维护自身合法权益，支持和信任有诚信和良好信誉的企业，推动市场竞争的公平性和市场环境的稳定性。

其次，政府、企业和个人之间的竞争关系可以通过创新引导和可持续发展实现生态系统稳定性的提升。政府可以加强对创新企业的支持和引导，促进数字经济生态系统的持续创新和发展。企业通过不断加强技术研发和产品创新，提高市场竞争力和市场占有率。个人通过参与消费者反馈和市场调研活动，促使企业不断提高产品质量和服务水平，推动数字经济生态系统的可持续发展和绿色发展。通过合理引导和监管竞争关系，可以有效促进数字经济生态系统的稳定发展和持续繁荣。

最后，政府、企业和个人之间的共生关系是数字经济生态系统稳定发展的关键因素。在共生关系中，各方相互依存、相互促进，形成良性循环的发展格局，从而为数字经济生态系统的持续发展和创新升级提供有力支撑和保障。

这些关键关系和互动在数字经济生态系统中相互作用，共同构建了一个稳定而健康的数字经济生态系统。他们的合作与竞争关系影响着数字经济生态系统的发展和稳定性，需要政府、企业和个人共同努力，建立良好的合作机制和竞争机制，实现数字经济生态系统的可持续发展和创新升级。

第四章 数字经济生态系统的发展趋势

第一节 全球数字化趋势和数字化转型

一、全球范围内数字化趋势的发展态势

（一）技术创新与数字化应用

随着人工智能、大数据分析、物联网、区块链等新兴技术的不断发展和成熟，各行各业都在加速数字化转型进程。尤其是人工智能技术的突破和应用推动了许多领域的数字化升级，包括智慧城市建设、智能制造、医疗健康、金融服务等。全球范围内不同国家和地区纷纷加大对技术创新的投入和研发力度，推动数字化趋势向着智能化、高效化的方向迈进。

1. 人工智能技术的发展与数字化应用

首先，人工智能作为引领数字化转型的关键技术之一，其不断地技术突破和创新为各行各业带来了广阔的数字化应用场景。在智慧城市建设中，人工智能技术可以通过数据分析和智能决策优化城市管理和公共服务，实现交通管理、环境保护、城市规划等方面的智能化升级。在智能制造领域，人工智能技术可以实现生产制造的智能化和自动化，提高生产效率和产品质量，推动制造业向智能制造转型升级。在医疗健康领域，人工智能技术可以应用于医疗影像分析、辅助诊断和精准治疗，提高医疗服务的精准性和效率性。在金融服务领域，人工智能技术可以应用于风险管理、智能投顾和客户服务等方面，提高金融服务的智能化和个性化水平。

其次，人工智能技术的发展促进了数据驱动和智能决策的推进。随着大数据技术的不断发展和应用，人工智能可以通过深度学习和数据分析，实现对海量数据的快速处理和智能分析。通过建立智能化的数据分析模型和预测算法，人工智能可以帮助企业和组织更好地分析市场需求和消费者行为，实现智能决策和精准营销。同时，在智慧城市建设和社会治理方面，人工智能可以通过数据驱动和智能决策优化城市管理与公共服务，提高城市的智能化水平和治理效能。

2. 大数据分析与数字化应用

首先，大数据分析作为支撑数字化转型的重要技术手段之一，其重要作用在于数据的收集与整合。随着物联网技术的快速发展，各种传感器和智能设备的广泛应用，数据

的产生量呈现出爆发式增长。大数据分析技术可以帮助企业和组织有效收集与整合各类数据资源，实现对海量数据的高效管理和利用。通过建立统一的数据平台和智能化的数据管理系统，大数据分析可以帮助企业实现对数据资源的有效整合和共享，提高数据的利用效率和精准度。

其次，大数据分析可以通过数据挖掘和智能应用实现对数据的深度分析与挖掘。通过建立智能化的数据挖掘模型和算法，大数据分析可以帮助企业和组织更好地发现数据背后的潜在规律与价值信息。通过对消费者行为和市场趋势的智能分析，大数据分析可以帮助企业精准制定营销策略和产品定位，提高市场竞争力和盈利能力。同时，在医疗健康领域，大数据分析可以帮助医疗机构和研究机构更好地掌握疾病的发展规律与治疗效果，推动医疗服务的精准化和个性化发展。

3. 物联网技术与数字化应用

首先，物联网技术作为推动数字化转型的重要支撑技术之一，其核心在于实现设备之间的智能连接和信息交互。物联网技术可以通过传感器和通信网络实现设备之间的智能连接和数据交换，实现对设备状态和环境信息的实时监测与控制。通过建立智能化的物联网平台和应用系统，物联网技术可以帮助企业和组织更好地管理与控制设备，提高生产制造和服务运营的智能化水平及效率。

其次，物联网技术可以通过智能应用和智慧生活实现对生活和工作的智能化升级。在智能制造领域，物联网技术可以帮助企业实现生产设备的智能化和自动化，提高生产效率和产品质量，推动制造业向智能制造转型升级。在智慧城市建设和智慧交通方面，物联网技术可以帮助城市实现交通管理和环境监测的智能化升级，提高城市的智能化水平和居民的生活质量。通过智能应用和智慧生活的推动，物联网技术可以帮助企业和个人更好地应对数字化时代的挑战。

（二）数字经济生态系统的构建

不同国家和地区通过构建数字化基础设施、推动数字经济产业发展、加强数字化人才培养等举措，努力打造数字化发展的良好环境。数字经济生态系统的构建不仅促进了数字经济产业链的完善和延伸，也加速了各行业之间的融合和互联，推动了全球范围内数字化趋势的全面展开和深入发展。

1. 数字化基础设施建设与发展

首先，数字化基础设施建设是构建数字经济生态系统的基础保障。不同国家和地区通过加大对宽带网络建设的投入力度，推动网络覆盖范围和传输速度的提升。同时，推动智能设备的普及和应用，包括智能手机、智能穿戴设备、智能家居等，助力数字经济生态系统的全面构建和拓展。通过建设高速、稳定的宽带网络和普及智能设备，不仅可以促进数字经济产业的发展和升级，也可以促进数字化应用的普及和推广，推动数字化趋势在全球范围内的深入发展和普及。

其次，数字化基础设施建设包括云计算平台的搭建和大数据中心的建设。通过建立高效稳定的云计算平台，不仅可以提供强大的计算和存储能力，也可以支撑各类数字化应用和服务的开展和运营。同时，通过建设大数据中心，可以实现对海量数据的高效管理和智能分析，为企业和组织提供智能决策与精准服务的支持。通过云计算平台的搭建和大数据中心的建设，不仅可以促进数字经济产业链的完善和延伸，也可以推动数字化应用的普及和深入发展，助力数字经济生态系统的全面升级和转型。

2. 数字经济产业发展与融合

首先，数字化基础设施的建设促进了数字经济产业链的完善和延伸。不同国家和地区通过培育数字经济产业的发展，推动数字化产业链的完善和延伸，包括数字内容产业、数字技术产业、数字平台产业等。通过鼓励企业加大对数字技术研发和应用的投入力度，推动数字经济产业链的不断完善和延伸，加速数字化趋势的全面发展和普及。

其次，数字化基础设施的建设促进了各行业之间的融合和互联。不同国家和地区通过推动产业融合和创新发展，加速传统产业向数字化转型和升级，助力产业链的跨界融合和发展。通过鼓励不同产业间的合作与交流，加强数字化技术在传统产业中的应用与推广，实现产业升级和跨界发展，推动数字经济生态系统的全面构建和发展。

3. 数字化人才培养与技术创新

首先，数字化人才是构建数字经济生态系统的重要支撑。不同国家和地区通过建立全面的数字化人才培养体系，加强高校和企业间的合作与交流，培养符合数字经济发展需求的高素质专业人才。同时，通过开展专业化的人才培训和技能提升计划，提高现有人才的数字化技能水平和应用能力，助力数字经济产业的全面发展和升级。

其次，数字化基础设施的建设推动了技术创新和应用研究的深入发展。不同国家和地区通过加大对技术创新和应用研究的投入与支持力度，促进科研机构和企业间的合作与交流，推动数字化技术的创新和应用研究。通过推动技术创新和应用研究的深入发展，不仅可以促进数字经济产业链的全面升级和转型，也可以推动数字经济生态系统的全面发展和完善。

二、不同国家数字化转型路径的比较分析

（一）发展阶段与政策导向

不同国家在数字化转型过程中存在着不同的发展阶段和政策导向。发达国家在技术创新和数字化应用方面具有明显优势，其数字化转型路径注重科技创新和应用落地。发展中国家则更加注重数字基础设施建设和人才培养，通过加大政府投入和政策扶持力度，推动数字化转型向基础设施建设和人才培养方向发展。不同国家根据自身国情和发展需求制定不同的数字化转型路径与政策导向，力求实现经济的数字化升级和社会的智能化发展。

1. 发达国家的数字化转型路径与政策导向

首先，发达国家在数字化转型过程中注重科技创新和应用落地。这些国家拥有雄厚的科研实力和技术积累，致力于推动前沿技术的研发和应用，包括人工智能、大数据、物联网等领域。为此，这些国家制定了一系列支持科技创新和技术应用的政策措施，包

括加大对科研机构和高校的投入力度，提高科研项目的资金支持力度，鼓励企业加大对科技创新的投入和研发力度。同时，通过建立技术创新和成果转化的支持机制，鼓励科研成果向实际应用和产业化方向转化，推动数字化转型向科技创新和应用落地方向发展。

其次，发达国家在数字化转型过程中注重产业升级和智能化发展。这些国家积极推动传统产业向数字化转型和升级，鼓励企业加大对数字化技术的应用和推广力度，提高生产制造和服务运营的智能化水平和效率。为此，他们制定了一系列支持产业升级和智能化发展的政策措施，包括制定产业转型升级规划，加大对关键技术和关键领域的支持力度，鼓励企业加大对数字化技术的应用和推广力度，促进产业链的升级和延伸。同时，通过建立产学研合作和产业创新联盟，促进科研成果向实际应用和产业化方向转化，推动数字化转型向产业升级和智能化发展方向迈进。

2. 发展中国家的数字化转型路径与政策导向

首先，发展中国家在数字化转型过程中更加注重数字基础设施建设和技术普及。这些国家在加快数字化转型的过程中面临着基础设施薄弱和技术普及不足的挑战，因此要加大对数字基础设施建设和技术普及的投入力度。为此，这些国家制定了一系列支持数字基础设施建设和技术普及的政策措施，包括加大对宽带网络建设和智能设备普及的投入力度，提高互联网接入的覆盖范围和传输速度，鼓励企业加大对数字技术的应用和推广。同时，通过加强政府和企业间的合作与协同，促进数字基础设施建设和技术普及的共同发展，推动数字化转型向数字基础设施建设和技术普及方向发展。

其次，发展中国家在数字化转型过程中更加注重人才培养和技术支持。这些国家面临着人才短缺和技术支持不足的挑战，因此要加大对人才培养和技术支持的投入力度。为此，这些国家制定了一系列支持人才培养和技术支持的政策措施，包括建立全面的数字化人才培养体系，加强高校和企业间的合作与交流，培养适应数字经济发展需求的高素质专业人才。同时，通过加大对技术创新和技术支持的投入支持力度，促进科研机构和企业间的合作与交流，推动技术创新和应用研究的深入发展，助力数字化转型向人才培养和技术支持方向发展。

（二）产业结构与应用领域

不同国家在数字化转型过程中存在着不同的产业结构和应用领域。发达国家在制造业、金融服务、医疗健康等领域的数字化转型较为成熟，其应用领域更加广泛，涵盖了生产制造、服务业和社会生活的方方面面。发展中国家则更加注重基础设施建设和产业转型升级，其应用领域主要集中在数字基础设施建设、电子商务、数字支付等方面。不同国家根据自身产业结构和发展需求，选择不同的应用领域和重点发展方向，推动数字化转型路径的多样化和全面发展。

1. 发达国家的产业结构与应用领域

首先，发达国家在数字化转型过程中，制造业是其中一个成熟的数字化应用领域。这些国家在制造业领域广泛应用物联网技术、智能制造技术等，实现了生产制造过程的智能化和自动化。通过数字化技术的应用，制造业实现了生产效率的提升和产品质量的提高，促进了制造业的转型升级和市场竞争力的增强。同时，通过制造业的数字化转型，带动了相关产业链的升级和发展，助力整个经济体系向着智能化、高效化方向迈进。

其次，金融服务是发达国家另一个较为成熟的数字化应用领域。这些国家在金融服务领域广泛应用大数据分析、区块链技术等，实现了金融业务流程的智能化和数字化。通过数字化技术的应用，金融机构提高了金融服务的便利性和安全性，促进了金融业务的创新和金融市场的发展。同时，通过金融服务的数字化升级，推动了金融科技产业的兴起和发展，助力金融行业向着智能化、便利化方向发展。

2. 发展中国家的产业结构与应用领域

首先，发展中国家在数字化转型过程中，数字基础设施建设是其中一个重点的数字化应用领域。这些国家在加快数字化转型的过程中注重加强宽带网络建设、智能设备普及等，实现了数字基础设施的普及和覆盖。通过数字基础设施建设的推进，发展中国家不仅提升了网络接入的质量和速度，也推动了数字经济产业链的完善和延伸，助力数字化转型向着基础设施建设和技术普及方向发展。

其次，电子商务和数字支付是发展中国家另一个重点的数字化应用领域。这些国家在推动数字化转型的过程中，积极发展电子商务平台、推广数字支付方式，实现了电子商务和数字支付的蓬勃发展与普及。通过电子商务和数字支付的推动，发展中国家不仅拓展了市场空间和消费渠道，也推动了相关产业链的升级和发展，助力数字经济生态系统的全面构建和发展。

（三）政府引导与市场参与

不同国家在数字化转型过程中政府引导和市场参与的角色存在着差异。一些国家在数字化转型过程中政府起到主导和推动作用，通过政策扶持和资金投入引导产业发展与技术创新。另一些国家更加注重市场参与和企业主导，鼓励企业发挥市场作用和创新动力，推动数字经济的快速发展和成熟壮大。不同国家根据自身发展需求和制度环境，在政府引导和市场参与方面采取不同的策略和举措，促进数字化转型路径的顺利推进和全面落地。

1. 政府主导与市场参与的角色定位

首先，一些国家在数字化转型过程中采取了政府主导的政策引导模式。这些国家的政府通过制定相关产业政策和技术标准，引导数字经济产业的发展方向和重点领域。政府加大对数字化转型的资金投入力度，鼓励科研机构和高校加大对数字技术的研发力度，推动数字经济产业的快速发展和成熟壮大。同时，政府加强了对数字经济产业链的监管和管理，促进数字经济生态系统的健康发展和良性循环。

其次，另一些国家更加注重市场参与和企业主导的模式。这些国家的政府鼓励企业发挥市场作用和创新动力，在数字经济产业发展中发挥主导作用。政府通过建立公平竞争的市场环境和规范的产业准入机制，激发企业的创新热情和竞争活力，推动数字经济产业的快速发展和市场竞争力的增强。同时，政府鼓励企业加大对数字技术的应用和推广力度，推动数字经济产业的创新升级和转型发展。

2.政府引导与市场参与的策略选择

首先，采取政府主导的政策引导模式的国家更加注重政府的政策扶持和资金投入。他们通过建立完善的产业政策和技术标准体系，提供创新创业的支持和保障，鼓励企业加大对数字化转型的投入力度。同时，政府加大对数字经济产业链的监管和管理力度，促进数字经济生态系统的健康发展和良性循环，推动数字化转型路径的顺利推进和全面落地。

其次，采取市场参与和企业主导模式的国家更加注重市场的规范化及竞争环境的优化。他们通过建立公平竞争的市场环境和规范的产业准入机制，激发企业的创新热情和竞争活力，推动数字经济产业的快速发展和市场竞争力的增强。同时，政府鼓励企业加大对数字技术的应用和推广力度，推动数字经济产业的创新升级和转型发展，促进数字化转型路径的顺利推进和全面落地。

第二节　新兴技术的影响和趋势

一、人工智能、区块链等新兴技术的应用前景

（一）人工智能技术在数字经济中的前景

人工智能技术在数字经济中的应用前景十分广阔。随着深度学习、自然语言处理和计算机视觉等领域的不断突破，人工智能在金融、医疗、制造业等多个领域得到了广泛应用。在金融领域，人工智能可以用于风险管理、反欺诈和智能投资等方面；在医疗领域，人工智能可以用于辅助诊断、精准医疗和药物研发等方面；在制造业领域，人工智能可以用于生产优化、智能制造和自动化生产等方面。未来，人工智能技术将进一步深化数字经济产业链，促进数字经济生态系统的协同发展和智能化升级。

（二）区块链技术在数字经济中的前景

区块链技术在数字经济中的应用前景备受瞩目。区块链作为一种去中心化、不可篡改的分布式账本技术，在金融、供应链管理、物联网等领域展现出了巨大潜力。在金融领域，区块链可以用于构建安全的支付和结算系统，提高交易的透明度和效率；在供应链管理领域，区块链可以用于构建可追溯的供应链体系，提高商品的溯源和管理效率；在物联网领域，区块链可以用于构建安全的物联网数据传输系统，保障物联网设备数据的安全和隐私。未来，随着区块链技术的不断成熟和完善，其在数字经济中的应用前景将更加广阔。

二、新技术对数字经济生态系统格局的重塑作用

（一）人工智能对数字经济生态系统的重塑作用

人工智能技术的不断应用和发展逐步重塑了数字经济生态系统的格局。通过人工智

能技术的应用，企业可以实现生产制造过程的智能化和自动化，提高生产效率和产品质量；金融机构可以提升风险管理和服务智能化水平，提供更加个性化和定制化的金融服务；医疗机构可以实现医疗诊断和治疗方案的精准化和智能化，提升医疗服务水平和效率。通过人工智能技术的应用，数字经济生态系统中的企业和个人都可以获得更多的发展机遇和市场空间。

1.企业生产制造智能化和自动化

（1）生产流程智能化

首先，在制造业领域，智能设备控制是人工智能技术应用的重要方向之一。通过将传感器和执行器与人工智能算法相结合，企业可以实现生产设备的智能控制和自动调节。例如，在汽车制造业中，人工智能技术可以应用于汽车生产流水线的智能控制和自动调节领域，实现生产过程的高效率和精准度。此外，在电子制造业领域，人工智能技术也可以应用于智能芯片制造和电子设备组装过程的智能控制，帮助企业实现产品质量的稳定和提升。

其次，智能化生产计划优化是企业利用人工智能技术提高生产效率的重要手段之一。通过对生产流程中的数据进行分析和挖掘，企业可以实现生产计划的智能优化和调整。例如，在制造业领域，企业可以利用人工智能技术对原材料采购、生产排程和产品配送等方面进行智能化管理和调控，实现生产计划的精准优化和生产效率的最大化。此外，在物流行业中，人工智能技术也可以应用于物流运输的智能调度和路径优化，帮助企业降低物流成本和提高物流效率。

最后，生产过程的自动监控和调节是企业利用人工智能技术实现生产流程智能化管理的关键环节之一。通过对生产过程中的关键指标和参数进行实时监测和分析，企业可以实现生产过程的自动调节和优化。例如，在化工行业中，企业可以利用人工智能技术对化工生产过程中的温度、压力和流量等参数进行实时监测和调控，确保生产过程的安全稳定和产品质量的可控性。此外，在食品加工行业中，人工智能技术也可以应用于食品生产过程的自动化控制和调节，帮助企业提高生产效率和产品质量的稳定性。

（2）产品质量提升

首先，在制造业领域，产品质量监控是企业利用人工智能技术提高产品质量的关键手段之一。通过对生产过程中的关键环节和关键参数进行实时监测和分析，企业可以实现产品质量的智能监控和预警。例如，在汽车制造业中，人工智能技术可以应用于汽车生产过程中的关键零部件质量监控和整车质量检测，帮助企业及时发现和解决产品质量问题，提高产品的质量稳定性和市场竞争力。

其次，质量预警是企业利用人工智能技术预防产品质量问题的重要手段之一。通过对生产过程中的关键指标和关键参数进行数据分析和预测，企业可以实现质量问题的提前预警和预防。例如，在电子制造业领域，人工智能技术可以应用于电子产品生产过程中的关键零部件质量预警和产品故障预测，帮助企业提前采取措施防止产品质量问题的发生，提高产品的质量稳定性和市场竞争力。

2.金融服务智能化和个性化

（1）风险管理智能化

首先，金融欺诈识别是金融机构利用人工智能技术提高风险管理水平的关键手段之一。通过对客户交易数据和行为模式进行实时监测和分析，金融机构可以及时识别出潜在的欺诈行为，并采取相应的风险防范措施。例如，在银行业领域，人工智能技术可以应用于银行交易数据的智能分析和异常交易识别领域，帮助银行及时发现和防范金融欺诈行为，提高金融服务的安全性和稳定性。

其次，信用风险评估是金融机构利用人工智能技术提高风险管理水平的重要手段之一。通过对客户信用数据和行为轨迹进行深度学习和分析，金融机构可以实现个性化的信用风险评估和风险管理。例如，在消费金融领域，人工智能技术可以应用于消费者信用评分的智能化分析和个性化信贷产品定制领域，帮助金融机构根据客户的信用状况和需求量身定制风险管理方案，提高金融服务的个性化水平和市场竞争力。

最后，风险防范是金融机构利用人工智能技术提高风险管理水平的重要环节之一。通过对市场风险和信用风险进行全面分析和预测，金融机构可以制定科学合理的风险防范和应对策略。例如，在保险业领域，人工智能技术可以应用于保险风险评估和理赔风险预测领域，帮助保险公司制订智能化的风险防范和应对方案，提高金融服务的安全性和可靠性。

（2）服务个性化提供

首先，人工智能技术在金融机构中的应用，可以帮助金融机构实现智能化的客户关系管理。通过对客户数据和行为轨迹进行深度学习和分析，金融机构可以了解客户的偏好和需求，从而提供个性化的金融服务和定制化的金融产品。例如，在零售银行业领域，人工智能技术可以应用于智能客户画像构建和精准营销推送领域，帮助银行更好地理解客户需求，提高客户满意度和市场竞争力。

其次，人工智能技术在金融机构中的应用，可以帮助金融机构实现个性化的产品定制。通过对客户数据和消费行为进行深度分析和挖掘，金融机构可以根据客户的需求和偏好，量身定制金融产品和服务。例如，在保险业领域，人工智能技术可以应用于保险产品设计和个性化保险方案定制领域，帮助保险公司根据客户的风险偏好和需求，提供定制化的保险产品和服务，增强客户黏性和市场竞争力。

最后，人工智能技术在金融机构中的应用，可以帮助金融机构实现智能化的产品推荐。通过对客户消费数据和产品偏好进行深度学习和分析，金融机构可以为客户提供个性化的产品推荐和定制化的服务方案。例如，在投资理财领域，人工智能技术可以应用于智能投顾和投资组合优化领域，帮助投资者根据个人风险偏好和资产配置需求，制订智能化的投资方案，提高投资收益和客户满意度。

3.医疗服务智能化和精准化

（1）诊断治疗方案精准化

首先，人工智能技术在医疗机构中的应用，可以帮助医生提高疾病诊断的精准性和准确性。通过对患者的临床数据和医学影像数据进行深度学习和分析，医疗机构可以建立精准诊断系统，帮助医生更准确地诊断患者的疾病类型和病情严重程度，从而提供更加精准的诊断治疗方案。

其次，人工智能技术在医疗机构中的应用，可以帮助医生制定个性化的治疗方案。通过对患者的基因数据和病历数据进行深度分析和挖掘，医疗机构可以根据患者的基因型和疾病特征，制定个性化的治疗方案，提高治疗的精准性和疗效。

最后，人工智能技术在医疗机构中的应用，可以帮助医生提高诊断的效率和准确性。通过开发智能辅助诊断工具，医疗机构可以将人工智能算法与医学专家的经验知识相结合，实现智能辅助诊断，帮助医生更快速地识别病情和制定治疗方案，提高诊疗效率和治疗效果。

（2）服务效率提升

首先，人工智能技术在医院管理中的应用，可以帮助医疗机构优化医生排班和资源调配。通过人工智能算法对患者就诊数据和医生专业领域进行分析和匹配，医疗机构可以建立智能排班系统，实现医生资源的合理调配和利用，提高医院就诊效率和服务质量。

其次，人工智能技术在医院管理中的应用，可以帮助医疗机构提升医疗咨询服务的效率和便捷性。通过建立智能医疗咨询系统，医院可以为患者提供24小时在线咨询服务，实现医疗服务的全天候覆盖和智能化咨询，提高医院医疗服务的效率和用户满意度。

最后，人工智能技术在医院管理中的应用，可以帮助医疗机构提升医疗建议服务的效率和个性化水平。通过对患者健康数据和医疗历史进行分析和评估，医院可以建立智能医疗建议系统，为患者提供个性化的治疗建议和康复方案，提高医院医疗服务的针对性和效果。

（二）区块链对数字经济生态系统的重塑作用

区块链技术的广泛应用也在逐步重塑数字经济生态系统的格局。通过区块链技术的应用，数字经济生态系统中的数据交换和信息流通变得更加安全和高效；数字经济生态系统中的交易和合作变得更加透明和可信；数字经济生态系统中的信任机制和合作模式得到了全面升级和优化。通过区块链技术的应用，数字经济生态系统的运行效率和安全性得到了全面提升，为数字经济的可持续发展和健康生态建设提供了坚实的技术支撑。

1.数据交换和信息流通的安全性

首先，区块链技术通过采用强大的加密算法，保障数字经济生态系统中数据交换和信息流通的安全性。数据在被记录到区块链之前会被加密，只有获得相应密钥的用户才能解密数据，这有效防止了未经授权的访问和篡改。加密技术的应用可以有效保护数据的隐私性和安全性，防止敏感信息被泄露，进一步提升了数字经济生态系统中数据交换的可靠性和安全性。

其次，区块链采用分布式存储的方式来存储交易数据，每个节点都保存了完整的数据副本。这种分布式存储机制确保了数据的完整性和可信度，即使某个节点发生故障或遭受攻击，也不会影响整个系统的运行和数据安全。分布式存储技术的应用有效保障了数字经济生态系统中数据交换和信息流通的可靠性和稳定性，提高了数据交换的安全性和可信度。

再次，区块链技术中的智能合约机制可以确保交易的可追溯性和透明性。智能合约是一种基于区块链的自动化合约，其中包含了交易的具体条件和执行逻辑。一旦交易被记录在区块链上，就无法被篡改或删除，所有参与者都可以查看和验证交易记录，确保交易的公开透明和可信度。智能合约技术的应用有助于消除交易中的信息不对称与信任缺失，进一步提升了数字经济生态系统中数据交换和信息流通的安全性和可信度。

最后，区块链技术采用共识机制来确保所有节点对交易数据的一致性和准确性。不同的区块链平台采用不同的共识机制，如工作量证明（PoW）、权益证明（PoS）等，通过验证和确认交易来保持整个系统的数据一致性。共识机制的应用有效防止了数据篡改和伪造，确保数字经济生态系统中数据交换和信息流通的安全性和可靠性，为数字经济的稳健发展提供了坚实的技术支撑。

2. 交易和合作的透明性和可信度

首先，区块链技术的应用确保了数字经济生态系统中交易数据的公开透明性，所有交易数据都被记录在不可篡改的区块链上，并且可以被所有参与者随时查看和验证。这种公开透明性消除了信息不对称和交易风险，建立起交易参与者之间更加坚实和可信的信任基础。交易数据的公开透明性促进了交易参与者之间的互信和合作，提高了数字经济生态系统中交易和合作的可信度和稳定性。

其次，区块链技术中的智能合约机制可以确保数字经济生态系统中交易的公正性和合法性。智能合约是基于区块链的自动化合约，其中包含交易的具体条件和执行逻辑。一旦交易被记录在区块链上，就无法被篡改或删除，所有交易参与者都可以查看和验证交易的执行过程，确保交易的公正性和合法性。智能合约的应用建立了交易参与者之间的公平竞争和公正合作关系，提高了数字经济生态系统中交易和合作的可信度和透明度。

最后，区块链技术的去中心化特性建立了一种新型的信任机制，使得交易参与者之间可以在没有中介的情况下进行安全可靠的交易和合作。区块链技术通过分布式存储和共识机制保障了交易数据的安全性和一致性，任何交易必须经过多个节点的验证和确认，确保交易的合法性和可信度。这种去中心化的信任机制消除了传统交易中的信任缺失和风险，建立了更加稳固和可持续的数字经济生态系统，促进了数字经济的健康发展和良性循环。

3. 信任机制和合作模式的升级与优化

区块链技术的应用推动了数字经济生态系统中的信任机制和合作模式的全面升级和优化。区块链技术通过智能合约等机制实现了交易的自动执行和监督，减少了中间环节和交易成本，提高了合作效率和资源利用效率。这种升级和优化有效降低了数字经济生态系统中的运营成本和管理风险，促进了数字经济生态系统的健康发展和可持续运营。

（1）智能合约的自动执行减少交易成本

首先，区块链技术中的智能合约机制通过自动执行交易，使得交易过程更加高效和便捷。智能合约可以在交易条件满足的情况下自动执行，无需人工干预，从而减少了因人为因素而导致的交易延迟和错误。这种自动化执行有效地提高了交易的执行效率，降低了交易成本和时间成本。通过智能合约的自动执行，数字经济生态系统中的交易流程变得更加高效和智能化，为企业和个人提供了更加便利和快捷的交易服务。

其次，智能合约除了自动执行交易，还可以自动监督交易的执行过程，确保交易的合法性和合规性。智能合约可以设定交易的条件和限制，监督交易的执行情况，防止不符合规定的交易行为发生。这种自动化监督机制有效降低了交易风险和管理风险，保障了交易的安全性和可靠性。通过智能合约的自动监测，数字经济生态系统中的交易安全得到了全面加强和提升，为企业和个人提供了更加安全可靠的交易保障。

再次，智能合约的自动执行减少了对人力资源的依赖，降低了企业在交易执行过程中的人力资源成本。智能合约可以自动执行交易，无需人工干预和监督，减少了企业因人力资源管理而产生的成本和工作量。这种降低人力资源成本的效应提高了企业的交易效率和竞争力，使得企业在数字经济生态系统中能够更加灵活和高效地开展业务活动。

最后，智能合约的自动执行保障了交易过程的透明度和公正性，使得交易过程更加公开透明和可信。智能合约中的交易记录被永久记录在区块链上，任何参与者都可以查看和验证交易记录，保证了交易的公正性和合法性。这种提升的交易透明度有助于消除信息不对称和交易风险，建立起更加公正和公开的交易环境，促进了数字经济生态系统的健康发展和良性运行。

通过智能合约的自动执行，数字经济生态系统中的交易成本得以降低，交易安全得到提升，人力资源成本得以优化，交易透明度得到增强，为数字经济生态系统的全面发展和健康运行注入了新的活力与动力。

（2）去中心化的信任机制降低管理风险

首先，区块链技术的去中心化特性保证了数字经济生态系统中交易数据的安全性和可信度。由于所有的交易数据都被公开记录在区块链上且不可篡改，参与者可以对交易数据进行验证和监督，确保数据的真实性和完整性。这种去中心化的信任机制有效防止了数据篡改和信息泄露等风险，提高了数据交换的安全性和可靠性。通过去中心化的信任机制，数字经济生态系统中的数据交换得到了更加可靠和安全的保障，为企业和个人的交易活动提供了更加稳定和安全的环境。

其次，区块链技术的去中心化特性保障了数字经济生态系统中交易合作的公平性和公正性。所有参与者都可以查看和监督交易记录，避免了信息不对称和交易不公平的情况发生。这种去中心化的信任机制有助于建立起更加公正和公开的交易环境，促进了参与者之间的合作和共赢。通过去中心化的信任机制，数字经济生态系统中的合作关系得以加强和优化，为企业和个人的合作活动提供了更加公平与公正的保障。

再次，区块链技术的去中心化特性提高了数字经济生态系统中交易的透明度和可信度。所有交易记录都被永久记录在区块链上，任何参与者都可以查看和验证交易记录，确保交易过程的透明和公开。这种去中心化的信任机制有助于消除交易中的信息不对称和不透明现象，建立起更加稳固和可信的交易环境。通过去中心化的信任机制，数字经济生态系统中的交易透明度得以增强，为企业和个人提供了更加可信与透明的交易环境。

最后，区块链技术的去中心化特性提高了数字经济生态系统中合作活动的效率和灵活性。参与者可以直接进行交易和合作，无需通过中介机构和第三方机构的干预，减少了合作过程中的交易成本和管理成本。这种去中心化的信任机制有助于提高合作的效率和灵活性，促进了数字经济生态系统中合作活动的顺利开展和良性循环。通过去中心化的信任机制，数字经济生态系统中的合作效率得到了全面提升，为企业和个人的合作活动提供了更加灵活与高效的支持。

（3）信息的公开透明提高合作效率

首先，区块链技术的应用使得数字经济生态系统中的交易信息得以公开透明化，任何参与者都可以查看和验证交易记录的真实性和完整性。这种公开透明的交易机制有效防止了信息不对称和交易欺诈等不法行为，提高了交易的公正性和合法性。通过信息的公开透明，数字经济生态系统中的交易活动得到了更加公平和公正的保障，为企业和个人的交易活动提供了更加可靠与安全的环境。

其次，区块链技术的公开透明性促进了数字经济生态系统中资源的有效配置和利用。参与者可以清晰地了解市场资源的分配情况和利用状况，避免了资源浪费和重复投入的情况发生。这种公开透明的机制有助于提高资源的利用效率和管理效率，促进了数字经济生态系统中资源的合理配置和优化利用。通过信息的公开透明，数字经济生态系统中的资源利用效率得到了全面提升，为企业和个人的资源管理提供了更加有效与可持续的支持。

再次，区块链技术的公开透明性为数字经济生态系统中的合作关系的建立和发展提供了坚实的基础。参与者可以凭借公开透明的信息交流和资源共享，建立起更加稳固和可信的合作关系。这种公开透明的机制有助于消除合作过程中的信息不对称和信任缺失，促进了数字经济生态系统中合作关系的良性发展和长期合作。通过信息的公开透明，数字经济生态系统中的合作关系得到了更加稳固和可持续的发展，为企业和个人的合作活动提供了更加可靠与稳定的支持。

最后，区块链技术的公开透明性提高了数字经济生态系统中合作活动和业务运营的效率和灵活性。参与者可以直接进行信息交换和资源共享，无需经过复杂的中介机构和第三方机构的干预，降低了合作和业务运营过程中的成本和时间成本。这种公开透明的机制有助于提高合作的效率和业务运营的灵活性，促进了数字经济生态系统中合作关系和业务活动的顺利开展和良性循环。通过信息的公开透明，数字经济生态系统中的合作效率得到了全面提升，为企业和个人的合作活动与业务运营提供了更加灵活及高效的支持。

第三节　跨界合作和竞争的动态

一、不同产业间跨界合作的案例分析

跨界合作作为数字经济时代的一个重要特征，不同产业间的合作日益成为推动数字经济发展的重要力量。以零售业和科技产业的合作为例，零售业与科技企业合作利用数据分析和人工智能技术，为消费者提供了个性化的购物体验和精准的产品推荐，有效提升了消费者的购物体验和购买满意度。同时，医疗健康领域的跨界合作逐渐增多，医疗机构与科技企业合作推动了医疗信息化和智能医疗设备的发展，提高了医疗服务的精准性和效率。此外，金融服务业与科技企业的合作也在不断深化，金融机构利用科技企业的大数据分析和人工智能技术，为客户提供更加个性化和定制化的金融产品与服务，提高了金融服务的智能化水平和服务质量。这些跨界合作案例充分展示了不同产业间合作的广泛性和深度，推动了数字经济生态系统的协同发展和创新升级。

（一）零售业与科技产业的合作

零售业与科技产业的合作案例中，数据分析和人工智能技术的运用为消费者提供了个性化的购物体验与精准的产品推荐。通过零售业与科技企业之间的合作，消费者可以享受到基于其购物偏好和行为数据的定制化服务，从而提升了消费者对产品和服务的满意度。此种合作模式为零售业带来了更高的客户忠诚度和消费者黏性，进而提高了零售业的竞争力和市场份额。

1. 数据分析的应用

通过收集消费者的购物行为数据和偏好信息，零售业可以利用数据分析技术深入了解消费者的需求和偏好，从而为其提供更加精准的产品推荐和个性化的购物体验。数据分析的应用使得零售业能够更好地了解消费者的购物习惯和喜好，为其量身定制购物服务，提升了消费者的购物体验和满意度。

首先，零售业与科技产业的合作促使零售业更加积极地收集与整合消费者的购物行为数据和偏好信息。通过各种渠道和技术手段，零售业可以获取消费者在购物过程中产生的数据，包括购买记录、点击行为、浏览偏好等，从而建立完整的消费者数据画像。这种数据的收集与整合为后续的数据分析和挖掘奠定了坚实的基础。

其次，在数据收集和整合的基础上，零售业利用数据挖掘和分析技术深入挖掘数据背后的规律和模式。通过数据挖掘和分析，零售业可以识别消费者的潜在需求和偏好，发现产品销售的热点和趋势，从而为其提供更加精准的产品推荐和定制化的购物体验。这种数据挖掘和分析为零售业的精细化运营与营销决策提供了有力支持。

再次，基于数据分析的结果，零售业可以为消费者提供更加个性化的服务和定制化的购物体验。通过对消费者购物行为和偏好的精准识别，零售业可以为消费者量身定制产品推荐、营销活动和购物服务，满足消费者多样化的购物需求和体验期待，提升消费者的购物满意度和忠诚度。

最后，零售业通过数据分析不断优化和创新自身的运营模式和服务体系。基于数据分析的结果，零售业可以及时调整和优化产品策略、营销方案和服务流程，满足消费者不断变化的需求和偏好，保持竞争优势和市场地位。持续地优化与创新使得零售业能够在激烈的市场竞争中持续发展和壮大。

2. 人工智能技术的运用

首先，人工智能技术的运用使得零售业能够建立智能化的推荐系统，通过对消费者的购物行为和偏好进行深度学习与分析，为消费者提供个性化的产品推荐和购物建议。智能推荐系统可以根据消费者的历史购物数据和相似用户的偏好信息，预测消费者的潜在购物需求，提高产品推荐的准确性和命中率。

其次，人工智能技术的运用使得零售业能够制定个性化的营销策略，根据消费者的购物偏好和行为特征，精准定制营销方案和活动内容，提高营销活动的效果和转化率。个性化营销策略可以包括针对性的促销活动、定制化的优惠方案以及个性化的服务体验，从而吸引消费者的注意力和提升其购买意愿。

再次，人工智能技术的运用使得零售业能够更准确地预测消费者的购物趋势和市场需求，帮助零售业在产品研发和采购方面做出更加科学和准确的决策。通过对海量数据的分析和挖掘，人工智能技术可以发现潜在的消费热点和产品趋势，为零售业提供有力的市场调研和竞争情报支持。

最后，人工智能技术的运用促使零售业的销售额和盈利能力得到提升。通过智能推荐系统和个性化营销策略的运用，零售业可以提高产品的销售量和销售额，提升客户的购物满意度和忠诚度，进而提高零售业的盈利能力和市场竞争力。这种销售额提升和盈利能力提高为零售业的可持续发展与长期竞争提供了有力支持。

3. 合作模式的优化

首先，零售业与科技产业的合作模式不断优化，双方在资源整合方面展开了更深层次的合作。零售业和科技企业共享各自的技术、人才和渠道资源，通过资源整合实现了优势互补和协同创新，提升了双方的综合竞争力和市场影响力。

其次，零售业与科技产业的合作模式不断优化，双方在技术创新方面展开了更深层次的合作。零售业与科技企业共同探索新的技术应用和商业模式，通过技术创新推动了产品和服务的升级与优化，提高了消费者的购物体验和满意度，进一步拓展了市场份额和竞争优势。

再次，零售业与科技产业的合作模式不断优化，双方在市场拓展方面展开了更深层次的合作。零售业与科技企业共同拓展新的市场和客户群体，通过市场拓展实现了业务的快速增长和品牌的价值提升，进一步巩固了双方在行业中的领先地位和市场地位。

最后，零售业与科技产业的合作模式不断优化，双方始终坚持合作共赢的原则，共同推动数字经济生态系统的持续发展和健康运行。通过不断优化合作模式，零售业与科技企业共同实现了资源共享、技术共创、市场共拓的目标，为行业的可持续发展和创新发展提供了有力支撑。

（二）医疗健康领域的跨界合作

医疗健康领域的跨界合作案例中，医疗机构与科技企业合作推动了医疗信息化和智能医疗设备的发展。通过数据分析和人工智能技术的应用，医疗机构可以提供更精准的诊疗方案和更有效的医疗服务。这种合作模式有效提高了医疗机构的诊疗效率和服务质量，对患者的医疗体验和治疗效果都有积极的影响。

1. 医疗信息化的协同发展

首先，医疗信息化的协同发展使得医疗机构能够全面建设医疗信息系统，实现了患者信息的全面管理和电子病历的智能化记录。通过建设完善的电子病历系统和患者信息管理系统，医疗机构可以更加方便地记录和查阅患者的病历信息，提高了医疗服务的信息化水平和数据管理效率。

其次，医疗信息化的协同发展促使医疗机构与科技企业共同应用和挖掘医疗大数据。通过对医疗大数据的分析和挖掘，医疗机构可以更好地了解疾病的发展趋势和治疗效果，为医疗服务的精准化和个性化提供了有力的数据支持，提高了医疗服务的质量和效能。

再次，医疗信息化的协同发展推动了远程医疗和智能诊断系统的建立。通过远程医疗系统和智能诊断系统，患者可以更加方便地进行在线问诊和远程诊断，医生可以借助智能诊断系统快速准确地诊断疾病，有效提高了医疗服务的便捷性和准确性。

最后，医疗信息化的协同发展加强了医疗信息安全与隐私保护。医疗机构与科技企业共同制定了严格的信息安全政策和隐私保护措施，保障了患者信息的安全和隐私，提高了医疗服务的安全性和可靠性。

2. 智能医疗设备的联合研发

首先，智能医疗设备的联合研发源自医疗机构的临床需求与科技企业的技术优势的有机结合。医疗机构对诊断治疗设备的精准性和便捷性有着较高的要求，而科技企业则具备先进的技术和研发能力，双方合作共同研发出了满足临床需求的智能医疗设备，为医疗服务的提升奠定了坚实的基础。

其次，智能医疗设备的联合研发主要集中在智能诊断设备的研发与应用。通过引入先进的人工智能和数据分析技术，研发出了具有智能诊断功能的医疗设备，可以辅助医生快速准确地诊断疾病，提高了临床诊断的准确性和效率，为患者的治疗提供了更加精准和可靠的支持。

再次，智能医疗设备的联合研发涉及远程医疗系统的研发与应用。通过结合医疗机构的远程医疗需求和科技企业的远程技术优势，双方共同研发了一系列远程医疗系统，为患者提供了在线问诊和远程诊疗的便捷服务，缓解了医疗资源不足的问题，提高了医疗服务的覆盖范围和便捷性。

最后，智能医疗设备的联合研发注重医疗设备的安全性和可靠性。医疗机构与科技企业共同加强了对医疗设备的安全性测试和可靠性评估，保障了医疗设备的稳定运行和数据安全，为患者的治疗提供了可靠的保障和支持。

3.数据分析和人工智能技术的应用

首先，医疗机构与科技企业通过大数据分析技术对海量的医疗数据进行挖掘和分析，发现了许多与疾病诊断和治疗相关的关联规律和特征。这些数据分析的结果为医生提供了重要的诊断参考和治疗建议，帮助医生更准确地诊断疾病并制订个性化的治疗方案，提高了医疗服务的精准度和治疗效果。

其次，医疗机构与科技企业通过引入人工智能技术，建立了智能诊疗模型和医疗影像识别系统。这些系统可以对医学影像数据进行智能分析和识别，帮助医生快速准确地诊断疾病，提高了医疗诊断的准确率和效率。此外，人工智能技术还可以辅助医生分析患者的基因组数据和生物信息数据，为个性化治疗提供有力支持。

再次，医疗机构与科技企业通过对患者个人健康数据和生活习惯数据的分析，制订了个性化治疗和健康管理方案。这些个性化治疗方案结合了患者的个人特点和疾病特征，针对性地提供治疗方案和康复指导，提高了患者的治疗满意度和康复效果，促进了医疗服务的个性化和精细化。

最后，医疗机构与科技企业在数据分析和人工智能技术应用过程中面临着数据隐私保护、算法可解释性和临床实践的整合等挑战，但同时带来了医疗服务智能化和个性化的机遇。双方需加强合作，建立数据共享和隐私保护机制，提高算法的可解释性和临床实用性，共同推动医疗服务的智能化发展和精细化管理。

（三）金融服务业与科技企业的合作

金融服务业与科技企业的合作案例中，大数据分析和人工智能技术的运用为金融机构提供了更加个性化和定制化的金融产品和服务。通过合作，金融机构可以更好地了解客户需求和风险偏好，为客户量身定制金融解决方案，提高了金融服务的智能化水平和客户满意度。这种合作模式有效提升了金融机构的市场竞争力和服务水平，推动了金融服务业的持续发展和创新升级。

1.大数据分析在金融服务业的应用

首先，大数据分析在金融服务业的应用已经成为提升服务水平和市场竞争力的关键因素。通过对海量的金融数据进行挖掘和分析，金融机构能够深入了解客户的消费行为、偏好和风险偏好，从而为客户提供更加精准的金融产品推荐和个性化的服务定制。

其次，大数据分析为金融机构提供了更全面和准确的风险评估手段。通过对客户的信用记录、交易行为以及市场趋势等数据进行分析，金融机构能够准确评估客户的还款能力和风险水平，从而有效降低不良资产的风险，并确保金融机构的资产安全和稳健经营。

再次，大数据分析为金融机构提供了更加精准和有效的营销策略。通过对客户数据的深度挖掘和分析，金融机构能够更好地了解客户的偏好和需求，为客户提供定制化的金融产品和服务。这种精准营销策略不仅提高了客户的满意度和忠诚度，也为金融机构带来了更高的市场份额和收益。

最后，大数据分析技术的不断发展和应用将进一步推动金融服务业向智能化、个性化和精准化方向发展。金融机构将会借助大数据分析技术提升风控能力、优化产品和服务，为客户提供更加智能和便捷的金融体验。

2. 人工智能技术在金融风险管理中的应用

首先，人工智能技术在金融风险管理中的应用为金融机构提供了更加全面和深入的客户信用评估手段。通过对客户的大数据分析和智能算法运用，金融机构能够更准确地评估客户的信用状况和还款能力，识别潜在的信用风险，并采取相应的风险防范措施，有效降低了金融机构的信用风险和不良资产风险。

其次，人工智能技术的应用使得金融机构能够实现风险管理的智能化和自动化。通过建立智能风险管理系统和模型，金融机构可以快速识别和评估客户的信用风险，并及时采取针对性的风险防范措施，提高了风险管理的响应速度和效率。这种智能化的风险管理模式为金融机构的运营稳定和资产安全提供了有力支持。

再次，人工智能技术的应用为金融机构提供了更加精准和全面的风险预警机制。通过对市场数据和风险指标的实时监测和分析，金融机构可以及时发现和预警潜在的风险因素，并制定相应的风险管理策略，保障了金融机构的资产安全和业务稳健发展。这种精准的风险预警机制为金融机构提供了更加有效的风险管理手段和决策支持。

最后，人工智能技术在金融风险管理中的应用将进一步推动金融机构向智能化和精准化方向发展，提高了金融机构的风险管理水平和服务质量，为金融业的可持续发展和健康运营注入了新的活力和动力。

3. 智能客户关系管理系统的建设与优化

首先，智能客户关系管理系统的建设为金融机构提供了更加全面和深入的客户洞察。通过对客户的数据整合和分析，金融机构能够深入了解客户的投资偏好、消费习惯和风险偏好等关键信息，为金融机构量身定制金融产品和服务，提高了金融服务的个性化水平和客户满意度。

其次，智能客户关系管理系统的优化使得金融机构能够实现对客户关系的智能化管理和运营。通过建立智能客户画像和行为分析模型，金融机构可以及时发现客户需求的变化和市场趋势的变化，并通过精准营销和定制化服务提高客户的忠诚度和满意度，促进了金融机构的客户关系管理效率和质量。

再次，智能客户关系管理系统的建设与优化为金融机构提供了更加精准和有效的营销策略和销售模式。通过对客户数据和市场数据的分析和挖掘，金融机构可以更好地预测客户的购买行为和消费趋势，为客户提供更加个性化和定制化的金融产品和服务，提高了金融服务的市场竞争力和业务增长性。

最后，智能客户关系管理系统的建设与优化将进一步推动金融机构向智能化和个性化方向发展，提高了金融机构的服务质量和市场竞争力，为金融行业的可持续发展和创新升级注入了新的动力和活力。

二、数字经济背景下的全球产业竞争格局分析

（一）全球人工智能产业竞争日趋激烈

在数字经济背景下，全球范围内的人工智能产业竞争日益激烈。各国纷纷加大对人工智能技术的投入和研发力度，旨在在全球人工智能产业领域取得领先地位。

1. 全球人工智能产业现状与发展趋势分析

当前，全球范围内的人工智能产业竞争呈现出日益激烈的态势。各国纷纷加大对人工智能技术的投入和研发力度，希望在全球人工智能产业领域取得领先地位。尤其是在人工智能技术的应用场景不断扩大的背景下，全球各大经济体都将人工智能产业发展纳入国家战略规划之中，加大对人工智能技术的研究和应用力度，推动人工智能产业的快速发展。

2. 全球人工智能产业竞争的主要特点

全球人工智能产业竞争的主要特点包括技术创新竞赛、人才争夺战和市场开拓竞争等方面。各国在人工智能技术的研发和创新上竞相发力，不断推出具有核心竞争力的人工智能产品和解决方案，以抢占全球人工智能市场的制高点。同时，全球范围内的人才争夺战日益激烈，各国纷纷加大对人工智能人才的引进和培养力度，以确保人工智能产业发展所需的高素质人才储备。此外，全球人工智能产业竞争还涉及市场开拓、产品营销等方面的竞争，各国企业通过积极拓展国际市场，争夺全球人工智能产业的市场份额和话语权。

3. 应对全球人工智能产业竞争的战略探讨

针对全球人工智能产业竞争日趋激烈的现状，各国需要制定相应的战略规划和发展策略，以应对全球人工智能产业竞争带来的挑战和机遇。在加大对人工智能技术研发投入力度的同时，各国应注重人才培养和引进，建立完善的人工智能人才培养体系，培养更多高素质的人工智能人才。此外，加强国际合作、促进产学研结合，推动人工智能产业的跨国合作与发展，也是应对全球人工智能产业竞争的重要战略之一。

（二）全球制造业数字化转型势头强劲

数字化制造产业成为全球产业竞争的焦点领域。随着工业互联网、物联网等新一代信息技术的发展和应用，各国制造业纷纷进行数字化转型和智能制造的升级改造，提高了制造业的智能化水平和竞争力。

1. 全球制造业数字化转型的现状与趋势分析

首先，当前，全球制造业数字化转型的势头强劲，呈现出多方面的积极发展态势。各国制造业在工业互联网、物联网等新一代信息技术的推动下，纷纷加速数字化转型和智能制造的升级改造。制造业数字化转型的现状主要体现在生产流程智能化、柔性化和个性化的提升上。数字化制造技术的应用和推广使得制造业生产流程更加智能化与高效化，实现了生产过程的智能监控和自动化控制，提高了生产效率和产品质量，降低了生产成本，提升了制造业的整体竞争力和可持续发展能力。

其次，全球制造业数字化转型的趋势主要体现在智能制造和工业互联网的深度融合、数字化技术与制造业融合发展的不断加强、数字化制造技术应用范围的不断扩大等方面。制造业数字化转型趋势的发展将进一步推动制造业生产方式的智能化和个性化转变，促进制造业向智能制造转型升级，提高制造业的创新能力和市场竞争力。全球制造业数字化转型的趋势将深刻影响制造业的发展方向和模式，为全球制造业的持续发展和创新升级带来新的机遇和挑战。

2.全球数字化制造产业发展的典型案例分析

首先，德国的工业4.0战略是全球数字化制造产业发展的典型案例之一。该战略通过推动数字化制造技术的应用和推广，加速了传统制造业的智能化改造和转型升级。德国制造业在工业4.0战略的引领下，实现了生产方式的智能化、柔性化和个性化，提高了生产效率和产品质量，提升了德国制造业在全球市场中的竞争力和影响力。另外，工业4.0战略还促进了德国制造业从传统制造向智能制造的转型，为全球制造业数字化升级提供了成功的经验借鉴。

其次，中国的制造强国战略是另一个备受关注的典型案例。中国政府提出了制造强国战略，旨在推动中国制造业从数量规模向质量效益转变，加快制造业的数字化转型和智能制造的发展。该战略通过加大对技术创新和产业升级的投入力度，促进了中国制造业的技术创新和产业升级，提升了中国制造业的国际竞争力和影响力。中国制造业在制造强国战略的引领下，加速了数字化技术的应用和推广，提高了生产效率和产品质量，为中国制造业的全面发展和升级奠定了坚实的基础。

最后，全球数字化制造产业发展的前景充满了无限的可能。随着科技创新的不断推进和产业升级的不断深化，全球各国将进一步加强合作，共同推动数字化制造产业的创新发展。数字化技术将进一步渗透和改变传统制造业的生产方式和商业模式，为全球制造业的智能化升级和转型升级带来更多机遇和挑战。尽管全球制造业数字化转型取得了长足的进步，但仍面临着一系列挑战，如技术标准缺乏统一、数据安全和隐私问题、人才短缺等。针对这些挑战，各国需要加强政策引导和规范建设，制定统一的技术标准和数据安全标准，保障数字化制造产业的健康发展。同时，加大对人才培养的投入力度，建立完善的人才培养体系，为制造业数字化转型提供人才支持和保障。

（三）全球数字金融服务业竞争加剧

数字金融服务产业成为全球竞争的焦点。各国金融机构通过与科技企业的合作，加大对金融科技领域的投入和研发力度，推动金融服务的智能化和个性化发展。例如，互联网金融、移动支付等新兴金融服务模式的快速发展，不仅提高了金融服务的普惠性和便利性，也推动了全球金融服务产业的创新升级和全球化发展，促进了全球数字经济生态系统的协同发展和共赢格局的形成。

1.全球数字金融服务业竞争的现状

首先，在当前全球数字经济浪潮的推动下，金融科技创新成为各国金融机构竞相布局的焦点。金融科技创新不仅涵盖区块链、人工智能、大数据分析等前沿技术的应用，还包括金融产品和服务的数字化与智能化升级，不断推动着全球数字金融服务业的升级和变革。

其次，随着消费者需求多样化和个性化的不断提升，各国金融机构纷纷注重金融产品和服务的个性化定制，提高服务的针对性和精准度。通过数据分析和智能化技术的应用，金融机构能够更好地满足不同客户群体的个性化需求，提高客户黏性和满意度。

再次，随着消费者对金融服务体验要求的不断提高，金融机构纷纷加大对用户体验的优化和投入力度。通过移动支付、智能客服、线上理财等方式，金融机构不断提升用户的使用便捷性和体验感，提高用户的满意度和忠诚度，进而提升市场竞争力。

最后，在全球数字金融服务业竞争日益激烈的背景下，金融机构之间不仅存在着激烈的竞争，更有着合作共赢的合作模式。金融机构与科技企业的合作不仅推动着行业的技术创新和应用场景拓展，也为全球数字金融服务业的蓬勃发展注入了源源不断的活力。

2. 全球数字金融服务业竞争的趋势

首先，全球范围内，金融科技融合发展成为数字金融服务业竞争的重要趋势。传统金融机构和科技企业不断加强合作，通过技术创新和服务融合，推动金融科技与传统金融业务的深度融合。金融科技的融合发展将进一步提高金融服务的智能化水平和便捷性，推动全球数字金融服务业的创新发展。

其次，全球数字金融服务业竞争的趋势之一是金融服务模式的不断创新和升级。通过互联网金融、移动支付、区块链等新技术的应用，金融机构不断推出创新产品和服务，拓展金融服务的场景和渠道，提高金融服务的个性化和定制化水平，进一步满足不同客户群体的多样化需求。

再次，在全球数字金融服务业竞争日趋激烈的背景下，金融科技标准和规范体系的完善成为行业发展的重要保障。各国金融监管机构不断加强对金融科技的监管和规范，推动金融科技的健康发展和合规运营。同时，金融科技标准化的不断完善将促进全球数字金融服务业的良性发展和跨境合作。

最后，随着全球数字经济一体化程度的不断提高，数字金融服务业的国际化发展呈现出强劲的势头。各国金融机构积极拓展国际市场，加强与全球金融机构的合作与交流，从而推动数字金融服务的全球化发展。国际化发展将促进数字金融服务的资源整合和创新合作，为全球数字经济生态系统的协同发展注入新的活力。

3. 全球数字金融服务业竞争的影响与展望

首先，全球数字金融服务业竞争的加剧将为金融服务业的创新与升级带来新的机遇和挑战。金融科技的不断发展将推动金融服务模式的创新和升级，提高金融服务的普惠性和便利性。然而，随之而来的数据安全风险、监管合规等问题也将对金融服务业的可持续发展提出更高的要求。

其次，全球数字金融服务业竞争的加剧将推动金融科技生态系统的持续发展和完善。金融科技企业将不断加大技术研发投入力度，提升技术创新能力，不断推出符合市场需求的新产品和服务。金融科技生态系统的完善将进一步促进金融服务的智能化发展和数字经济生态系统的协同发展。

再次，全球数字金融服务业竞争的加剧将推动数字金融服务的全球化发展和国际合作。金融机构将积极拓展国际市场，加强与全球金融机构的合作与交流，推动数字金融服务的全球化发展。然而，不同国家间的金融监管差异、跨境数据流动的限制等问题也将对数字金融服务业的全球化发展提出新的挑战。

最后，随着全球数字金融服务业竞争的不断加剧，数字金融服务业智能化发展的展望充满了无限的可能。金融科技的持续创新将进一步提高金融服务的智能化水平和用户体验，推动金融服务业的可持续发展和数字经济生态系统的智能化升级。然而，数据隐私保护、金融科技伦理等问题也需要得到更加深入的探讨和解决。全球数字金融服务业智能化发展的前景仍需在技术、管理和政策等方面共同努力，实现数字经济生态系统的可持续发展与共赢格局的形成。

第五章　数字经济生态系统的发展模式

第一节　发展模式概述

一、不同数字经济生态系统发展模式的分类和特点

（一）平台型生态系统模式

平台型生态系统模式是数字经济中一种引人注目的新模式，它通过建立数字化平台，整合多方资源、服务和用户，形成了一个相互依存、协同发展的生态系统。这一模式的特点与作用不仅体现在经济层面，还对社会和技术发展产生了深远影响。在实践中，平台型生态系统具有多方面的特点和作用，其优势和挑战也需要深入探讨和分析。

首先，平台型生态系统的特点之一是其强大的整合能力。通过数字化平台，不同供应商、服务提供商和消费者可以在同一平台上交易、沟通和合作，实现资源的高效整合和利用。这种整合能力提高了市场效率，降低了交易成本，促进了资源优化配置，从而为平台生态系统中的各方参与者创造了更多的利益。

其次，平台型生态系统具有开放性和灵活性。数字化平台往往是开放的，允许不同参与者自由进入和退出，为创新和创业提供了广阔的空间。通过开放的生态系统，新的服务和产品得以快速推出，从而促进了市场的竞争和创新，提高了整体经济的活力和创造力。

再次，平台型生态系统强调共享和协同的精神。在这种生态系统中，不同的参与者之间可以共享数据、资源和知识，通过合作实现共赢。这种共享和协同有助于推动产业协作和发展，促进不同领域之间的融合和创新，为数字经济的可持续发展提供了新的模式和路径。

最后，平台型生态系统面临着一系列挑战和风险。第一，随着平台竞争的加剧，平台需要不断创新和升级，保持自身的竞争优势。第二，平台需要平衡各方利益，维护生态系统的稳定和可持续发展。第三，隐私保护、数据安全和治理规范等问题是亟待解决的挑战，需要各方共同努力和合作。

平台型生态系统模式在数字经济发展中具有重要的特点和作用，其优势和挑战需要充分认识与应对。只有通过持续创新和有效治理，平台型生态系统才能持续发展并为数字经济的健康发展提供持久动力。

（二）平台型生态系统模式的发展趋势与前景

随着数字经济的不断发展和数字化转型的深入推进，平台型生态系统模式将继续呈现出蓬勃发展的趋势。未来，数字化平台将更加智能化和个性化，不仅仅是商品和服务的交易场所，还将成为信息交流、社交互动、内容传播和价值共创的重要平台。在新技术和新商业模式的驱动下，平台型生态系统将更加注重数据安全和隐私保护，加强平台治理和规范管理，促进数字经济生态系统的健康发展和可持续增长。

1. 智能化平台的发展趋势与前景

首先，智能化平台的发展趋势显示出人工智能技术在数字经济生态系统中的日益重要地位。随着深度学习和自然语言处理等技术的发展，智能化平台能够更好地理解用户的行为模式和偏好，从而提供更加个性化的服务。例如，智能化电商平台可以根据用户的购买历史和浏览习惯推荐相关商品，提高用户购买的便利性和满意度。另外，智能化平台还可以通过对用户数据的分析，提供更加智能化的生活服务。例如，智能家居系统可以根据用户的习惯自动调节室内温度和照明亮度，提升用户的生活品质和舒适度。

其次，智能化平台将更加注重与物联网技术的深度融合。随着物联网设备的普及和应用，智能化平台可以与各类智能设备和传感器进行连接，实现设备之间的数据互通和交互。这将为用户提供更为智能、便捷的生活体验。例如，智能健康管理平台可以与智能手环和智能体重秤等设备进行连接，实时监测用户的健康状况并提供个性化的健康建议和管理方案。此外，智能化平台还可以通过对智能设备的控制和管理，实现对家居环境的智能化管理和控制，提高家居的安全性和便利性。

再次，智能化平台在数据安全和隐私保护方面将采取更加严格的措施。随着数据泄露和隐私侵犯事件的频发，智能化平台将加强数据加密和安全传输措施，确保用户数据的安全和隐私权利。例如，智能化金融服务平台将采用先进的加密技术保护用户的财务信息，防止用户资金被非法侵占和盗用。另外，智能化医疗服务平台将建立严格的数据权限管理制度，确保医疗数据的安全和隐私保护，防止患者隐私信息被泄露和滥用。这些举措将有助于增强用户对智能化平台的信任度和满意度，促进数字经济生态系统的健康发展和可持续增长。

最后，智能化平台的发展趋势将带来数字经济生态系统的全面升级和优化。智能化平台将推动数字经济的智能化转型和升级，提升数字经济生态系统的运行效率和管理效能，促进数字经济产业链的协同发展和创新升级。随着人工智能和大数据技术的不断创新和突破，智能化平台的发展前景将更加广阔和可期，为全球数字经济的可持续发展注入新的活力和动力。

2. 多元化功能的拓展与拓展

首先，未来的平台型生态系统将致力于提供更多的社交互动功能，构建起更加开放和互动的数字化社区。数字化平台将通过社交功能和互动功能，促进用户之间的交流和互动，打造出一个充满活力和创新的社交平台。例如，社交媒体平台可以为用户提供分享动态、发布观点和互动讨论的功能，为用户提供一个开放、包容的社交空间。此外，数字化教育平台还可以为学生和教师提供在线学习和互动交流的平台，促进知识和经验的分享和交流，提升教育的质量和效果。

其次，未来的平台型生态系统将注重内容传播和知识共享功能的拓展。数字化平台将成为内容创作者和用户交流互动的重要平台，为用户提供丰富多样的内容和知识资源。例如，数字化媒体平台可以提供新闻资讯、文化娱乐和知识科普等多样化的内容服务，满足用户多样化的信息需求和消费习惯。此外，数字化知识共享平台还可以为用户提供知识问答、学术讨论和专业分享等功能，促进知识和经验的共享和传承，推动社会知识水平和文化素质的提升。

再次，多元化功能的拓展将提升平台的用户黏性和活跃度。通过不断拓展和丰富平台的功能，数字化平台将吸引更多的用户参与和互动，提升用户的使用体验和满意度，从而增强用户对平台的黏性和忠诚度。例如，数字化娱乐平台可以为用户提供游戏娱乐、影视音乐和虚拟现实等多样化的娱乐体验，提升用户的娱乐消费体验和粘性。此外，数字化生活服务平台还可以为用户提供便民生活服务、社区活动和线下体验活动等服务，提高用户的生活品质和社区归属感，促进用户对平台的持续使用和参与。

最后，多元化功能的拓展将促进平台生态系统的健康发展和持续增长。通过不断丰富和拓展平台的功能，数字化平台将提升其在用户生活和工作中的重要性和影响力，吸引更多的用户和商家加入平台生态系统，促进平台生态系统的完善和健康发展。随着用户规模和活跃度的不断增长，平台将吸引更多的商业资源和投资，实现平台生态系统的良性循环和可持续发展。

3. 规范化治理的加强与完善

首先，未来的平台型生态系统将加强对交易和内容的规范化治理和管理。平台将建立更加严格的交易规则和内容审核机制，确保平台上的交易行为和内容质量符合法律法规和社会伦理要求。平台将建立用户评价和投诉反馈机制，监测和管理用户行为，及时处理用户投诉和纠纷，维护平台的交易秩序和用户权益。此外，平台还将加强对交易数据和交易行为的监管和记录，保障交易的公正透明，防范欺诈和侵权行为，保障交易的安全和稳定。

其次，未来的平台型生态系统将注重用户数据的保护和隐私管理。平台将严格遵守数据隐私保护法规和标准，建立完善的用户数据管理和保护机制，保障用户数据的安全和隐私。平台将加强对用户数据的加密和安全传输，防止用户数据被非法获取和滥用。平台将建立用户数据访问和授权机制，明确用户数据的使用范围和目的，保护用户的数据权利和隐私权益。通过规范化治理的加强，平台将赢得用户的信任和支持，提升平台的可信度和公信力。

再次，未来的平台型生态系统将加强对平台内容和用户行为的监管和管理。平台将建立更加严格的内容审核机制和用户行为规范，禁止发布违法违规信息和不良内容，防止网络欺诈和诈骗行为，维护平台的良性竞争秩序和社会公序良俗。平台将加强对用户身份和资质的审核和认证，确保用户身份的真实性和合法性，提高平台用户的信任度和服务质量。通过规范化治理的加强，平台将提升平台内容的质量和用户体验，促进平台生态系统的健康发展和可持续增长。

最后，未来的平台型生态系统将建立更加健全的治理体系和法律法规。平台将积极响应国家政策和法律法规的要求，加强与政府部门和监管机构的合作与沟通，共同建立和完善平台治理体系与法律法规体系，规范平台经营行为和服务标准，维护数字经济生态系统的健康有序发展。平台将建立健全的投诉处理和纠纷解决机制，加强与用户和商家的沟通与协商，共同维护平台生态系统的公平公正和良性竞争环境，实现平台生态系统的可持续发展和共赢格局。

（三）协同型生态系统模式

1.跨企业合作的特点

首先，跨企业合作在协同型生态系统模式中体现了一种全新的合作范式。这种模式突破了传统企业间的竞争格局，强调各企业之间的合作与协同，通过资源共享和优势互补来实现整体效益的最大化。这种合作模式的特点在于打破了传统产业界限，促进了不同产业间的融合和协同发展，从而形成了更加开放和共享的产业生态系统。

其次，协同型生态系统模式通过建立良好的合作关系和共享机制，实现了跨企业间资源的整合和利益的共赢。通过共同推动标准制定、技术研发和资源整合，不同企业能够充分利用彼此的资源和技术优势，实现资源的最优配置和利益的最大化。这种合作模式有助于提高产业链上下游之间的协同效应，加快创新成果的推广和应用，促进整体产业的竞争力和创新能力的提升。

再次，协同型生态系统模式的发展需要建立良好的信任和合作机制。不同企业之间的合作需要建立在信任和共赢的基础上，促进合作关系的稳定和长期发展。在合作过程中，各方需积极参与协商，确保合作关系的公平公正，共同制定合作规则和管理机制，促进合作模式的良性循环和可持续发展。

最后，协同型生态系统模式的实施需要政策支持和产业引导。政府和相关部门可以出台一系列政策和措施，鼓励企业间的合作与协同，提供相关的支持和保障。同时，产业组织和行业协会可以发挥积极作用，促进不同企业间的合作与交流，推动协同型生态系统模式的广泛应用和推广。

2.优势与效益

首先，协同型生态系统模式的优势在于促进了产业链上下游之间的良性互动和资源优势互补。通过建立合作关系和共享机制，不同企业可以实现资源的互通互用，从而提高了整个产业的资源利用效率和生产效率。例如，在生产环节中，各企业可以共同分享生产要素和生产设备，降低生产成本，提高生产效率；在市场营销环节中，各企业可以共同参与市场推广活动，拓展市场份额，提高品牌影响力。这种良性互动有助于促进整个产业的协同发展和协同竞争。

其次，协同型生态系统模式能够有效提高整个产业的竞争力和合作效率。通过合作，各企业可以充分发挥各自的优势，形成合力，提高整个产业的创新能力和技术水平。合作可以促进不同企业间的技术交流和经验分享，加快技术创新和成果转化，推动整个产业的技术升级和创新升级。这种合作效率的提高有助于增强产业的竞争力，提高产业的市场占有率和盈利能力，促进产业的可持续发展和健康发展。

再次，协同型生态系统模式能够促进产业创新和技术进步。通过建立合作关系和共享机制，不同企业可以共同参与产品研发和技术创新，共同推动行业标准的制定和技术平台的建设。这有助于加快产业的数字化转型和智能化升级，提高产业的科技含量和附加值。产业创新和技术进步的推动有助于提升产业的国际竞争力，打造具有国际影响力的品牌和产品，促进产业的全球化发展和开放合作。

二、数字经济生态系统发展模式选择的影响因素分析

（一）市场需求与趋势

在数字经济蓬勃发展的背景下，市场需求的多样化和变化对生态系统模式的选择产生了深远影响。

1. 市场需求的多样化

首先，随着数字经济的快速发展，消费者需求呈现出日益多样化的趋势。消费者不再满足于传统的标准化产品和服务，而是追求个性化定制和多元化选择。在生活和工作中，消费者对便捷、高效的需求越来越强烈，希望能够通过数字化平台实现"一站式"的服务体验。此外，消费者对产品质量、品牌形象和售后服务的要求也不断提高，希望能够通过数字化平台获取更加高品质和高性能的产品和服务。因此，平台型生态系统通过整合各类商品和服务，为消费者提供了更加丰富和便捷的选择，满足了消费者在多样化需求方面的迫切需求。

其次，平台型生态系统通过大数据分析和个性化推荐等技术手段，能够更好地满足消费者多样化需求。通过对消费者行为数据和偏好的深度分析，平台能够洞察消费者的消费习惯、生活方式和偏好趋势，从而为消费者提供定制化的产品和服务。例如，在电商平台中，根据消费者的购买记录和浏览习惯，平台能够向消费者推荐符合其兴趣和偏好的商品与服务，提高消费者的购物体验和满意度。同时，在旅游和娱乐平台中，根据消费者的出行计划和兴趣爱好，平台能够提供个性化定制的旅游路线和娱乐活动，满足消费者对其个性化体验和定制化服务的追求。

最后，通过平台型生态系统提供的个性化定制服务，消费者的用户体验和满意度得到了显著提升。消费者能够在一个平台上获得多样化的选择和便捷的体验，享受到全方位的服务和支持。个性化定制服务不仅满足了消费者的多样化需求，还提升了消费者对于平台的黏性和忠诚度，促进了平台用户群的快速增长和市场份额的扩大。因此，平台型生态系统在满足消费者多样化需求的同时，通过提升用户体验和满意度，推动了数字经济生态系统的持续健康发展。

2. 科技创新与市场变革

首先，在数字经济时代，科技创新成为推动产业发展和经济增长的核心驱动力。随

着新一代技术的不断涌现，包括人工智能、物联网、大数据、区块链等，消费者对科技产品和智能化服务的需求日益增加。在这一背景下，创新型生态系统模式成为企业追求技术创新和产品升级的重要选择。通过创新型生态系统模式，企业能够聚焦技术研发和创新实践，推动新产品、新技术的快速推出和市场应用。企业可以通过不断地科技创新，提高产品的质量和性能，满足市场对高品质、高性能产品的日益增长的需求。

其次，创新型生态系统模式能够促进产业结构的升级和转型，推动市场变革和竞争格局的重塑。通过科技创新和产品升级，企业可以不断提高自身的竞争力和市场份额，在市场中取得更为有利的位置。创新型生态系统模式鼓励企业之间的竞争与合作，推动整个产业链条的升级和创新。通过技术创新和产业升级，市场格局得以优化和调整，优质产品和服务能够更好地满足消费者的需求，为数字经济的可持续发展注入了新的活力和动力。

（二）技术能力与资源优势

企业的技术能力和资源优势直接影响着数字经济生态系统发展模式的选择。在数字经济时代，技术创新和数字化转型成为企业发展的关键驱动力。具有较强技术研发能力和资源整合能力的企业更倾向选择创新型或协同型生态系统模式。这是因为创新型生态系统需要不断推动技术创新和产品升级，具备较强的研发实力和技术储备，能够更好地适应市场的变化。协同型生态系统模式则强调企业间的合作与协同，对企业的资源整合能力和合作意识提出了更高的要求。因此，企业应不断提升自身的技术能力和资源优势，以更好地适应数字经济生态系统的发展需求。

1.技术创新能力的重要性

首先，技术创新能力是企业保持竞争优势的关键因素之一。在日新月异的市场竞争中，只有不断推陈出新的产品和服务才能吸引消费者的眼球并留住他们的心。只有具备强大技术创新能力的企业能够不断推出更新、更具吸引力的产品，才能满足市场对创新性和多样化的需求，从而赢得消费者的青睐。

其次，技术创新能力能够帮助企业提高生产效率和降低生产成本。通过引入先进的生产技术和设备，企业能够提高生产效率，减少资源浪费，降低生产成本，从而提高企业的盈利能力。此外，技术创新还可以帮助企业优化生产流程和管理模式，提高企业的整体运营效率，更好地适应市场需求的快速变化。

再次，技术创新能力可以帮助企业开拓新的市场空间和商业机会。通过不断地技术创新，企业能够开发出符合市场需求的全新产品和服务，进而拓展企业的业务范围和市场份额。在数字经济时代，新技术的应用不仅可以改变企业内部的生产和管理方式，还能够催生出全新的商业模式和商业生态，为企业带来更多的发展机遇和商机。

最后，技术创新能力能够提升企业的品牌形象和声誉。通过不断地技术创新，企业能够树立起创新领先的形象，提高消费者对企业品牌的认可度和忠诚度。在市场竞争激烈的环境中，具备较强技术创新能力的企业往往能够更好地吸引消费者的注意并树立起良好的企业形象，从而获得更多的市场份额和品牌溢价。

技术创新能力是企业在数字经济时代获得竞争优势、实现可持续发展的关键要素之一。只有不断加强技术创新能力，不断推陈出新，才能够在激烈的市场竞争中立于不败之地，并实现持续、健康地发展。

2.资源整合能力的关键作用

首先，资源整合能力可以帮助企业更有效地利用各类资源，实现资源的最优配置和利用效率的提升。在数字经济时代，企业需要充分利用市场、技术、人才等各种资源来推动产品和服务的创新和升级。通过整合多方资源，企业能够有效降低生产成本，提高生产效率，从而实现产品成本的降低和市场竞争力的提升。

其次，资源整合能力可以帮助企业拓展更广阔的市场空间和商业机会。通过整合不同的资源，企业能够开拓新的市场渠道和商业模式，实现业务范围的拓展和市场份额的增长。在数字经济时代，市场需求的不断变化和多样化使得资源整合能力对企业发展至关重要。只有通过整合多方资源，企业才能更好地把握市场脉搏，满足消费者多样化需求，提高企业的市场占有率和品牌影响力。

最后，资源整合能力可以帮助企业建立更加稳固的合作伙伴关系和生态系统。通过资源共享和合作共赢，企业能够与不同行业、不同领域的合作伙伴建立起良好的合作关系，实现优势互补和协同发展。在数字经济时代，合作与共赢的理念得到了越来越多企业的认可和重视。资源整合能力的提升可以帮助企业建立起更加开放、共享的生态系统，促进产业链上下游之间的良性互动和资源优势的互补，实现企业之间的共同发展和利益最大化。

第二节　政府引导型模式

一、政策法规的制定与引导

政府在数字经济生态系统发展中的引导作用体现在其制定和引导相关政策法规方面。随着数字经济的迅猛发展，政府需要及时出台支持性政策来引导企业的创新发展和产业升级。

（一）制定鼓励科技创新的财税政策

在数字经济蓬勃发展的背景下，政府制定鼓励科技创新的财税政策具有重要的促进作用。

首先，通过税收优惠政策，政府可以降低企业的税负成本，鼓励企业增加技术研发投入。例如，政府可以对企业的研发支出给予一定比例的税前扣除，降低企业的税收负担，激发企业加大科技研发投入和创新实践的积极性。此外，政府还可以通过提供研发补贴和资金支持等方式，帮助企业解决资金瓶颈问题，提高企业的技术研发能力和创新水平，推动数字经济产业的快速发展和壮大。

其次，政府可以设立专项科技基金，为科技创新型企业提供资金支持和政策扶持。通过设立风险投资基金和科技创新基金等多种渠道，政府可以为创新型企业提供风险投资和股权投资支持，帮助其解决创新资金不足的难题，推动企业加快技术成果的转化和市场应用。此外，政府还可以通过制定科技创新奖励政策，激励企业在技术研发和创新实践方面取得突出成绩，推动企业不断提升技术创新能力和竞争实力，促进数字经济产业的健康发展和创新升级。

最后，在推动科技创新的过程中，政府可以加强对知识产权的保护和管理。通过建立健全的知识产权保护体系和知识产权保护法律法规，政府可以保障创新企业的知识产权权益和创新成果的合法权益，增强企业的创新信心和创新动力。同时，政府可以加大对技术标准的制定和管理力度，推动技术标准与国际接轨，提高企业的技术标准化水平和国际竞争力，促进数字经济产业的全面发展和国际合作交流。通过这些举措，政府可以为数字经济产业的发展营造良好的政策环境和市场环境，推动数字经济产业的快速壮大和健康发展。

（二）加大对新兴产业的扶持力度

在推动数字经济产业的快速成长和壮大过程中，政府需要加大对新兴产业的扶持力度，通过设立专项基金和支持计划，为新兴产业的创新企业提供资金支持和政策扶持。

首先，政府可以设立风险投资基金，为创新型企业提供风险投资和股权投资支持。通过引入社会资本和风险投资机构的资金支持，政府可以帮助创新型企业解决资金瓶颈问题，促进企业的快速发展和壮大。此外，政府还可以采取股权投资等多种方式，帮助创新企业实现技术成果的快速转化和产业化应用，推动企业的高速增长和市场占有率的提升。

其次，政府可以通过建立科技创新示范区和孵化基地等措施，提供场地支持和配套服务，为创新企业的孵化和发展提供更加优质的创业环境和资源支持。例如，可以建立科技创新园区和产业园区，为创新企业提供办公场地和生产场地，提供基础设施建设和配套服务，促进企业的快速发展和壮大。同时，政府可以加大对创新企业的人才支持和人才培养力度，引进高层次人才和专业团队，提升企业的技术研发能力和创新能力，推动企业的高质量发展和长期发展。

最后，政府可以鼓励企业加大对新兴产业的投入和创新实践力度，加强与高校和科研机构的合作，推动科研成果的产业化应用和市场化推广，促进新兴产业的全面发展和壮大。通过以上一系列举措，政府可以为新兴产业的快速成长和壮大提供坚实的政策支持与发展环境，推动新兴产业的快速崛起和国际竞争力的提升。

（三）加强知识产权保护和技术标准制定

在促进数字经济产业发展过程中，政府应加强知识产权保护和技术标准制定，以保障创新企业的知识产权权益和促进技术标准与国际接轨。

首先，政府可以加强对知识产权的保护和管理，建立健全的知识产权法律法规体系，为创新企业的知识产权保护提供法律依据和支持。通过加大对知识产权的保护力度，政府可以提升创新企业的创新积极性和创新活力，促进企业的持续创新和技术进步，推动数字经济产业的快速发展和壮大。

其次，政府应加强技术标准的制定和管理，推动技术标准与国际接轨，提高企业的技术标准化水平和国际竞争力。通过制定国际通用的技术标准，政府可以帮助企业打破国际贸易壁垒和技术壁垒，推动企业的技术创新和市场拓展，提升企业的国际竞争力和市场占有率。同时，政府应鼓励企业参与国际标准制定和合作交流，促进技术标准的全球化发展和国际化应用，为数字经济产业的全面发展和国际合作交流提供坚实的技术保障和支持。

通过以上一系列措施，政府可以为数字经济产业的健康发展提供坚实的知识产权保护和技术标准支撑，推动数字经济产业的全面发展和国际竞争力的提升。

二、资金投入与扶持措施

资金投入与扶持措施在促进数字经济生态系统发展中扮演着重要角色。政府可以通过设立专项基金和提供资金扶持来激励企业参与数字经济生态系统的建设及发展。

（一）政府专项基金助力数字经济创新创业

首先，政府在数字经济发展中设立风险投资基金，为具有潜力的创新型企业提供资金支持。这些基金通常会通过股权投资等方式，参与企业的创业项目，并为其提供财务支持和管理指导。通过风险投资基金的设立，政府可以帮助初创企业解决资金瓶颈问题，激励更多有创新能力的企业积极投身数字经济产业的发展。

其次，除了风险投资基金，政府还可以设立创业创新基金，为新兴创业项目提供启动资金和初期支持。这些基金可以通过投资和补贴的方式，帮助创新型企业尽快实现创业目标，并在初创阶段提供必要的资金保障和政策扶持。这种方式有助于激发更多创新创业者的创业热情，推动数字经济产业的良性发展。

再次，通过专项基金的设立，政府可以为企业的技术创新和产品研发提供必要的资金支持和保障。这些资金可以用于技术研发、新产品开发和市场推广等方面，帮助企业加快产品研发和创新步伐，提高产品质量和市场竞争力。政府的资金支持有助于企业实现技术突破和产品升级，推动数字经济产业的快速发展和壮大。

最后，在设立专项基金的同时，政府需要加强对资金使用的管理和监督。建立科学的投资管理机制，确保资金使用的透明度和公正性，防止资金滥用和浪费现象的发生。政府可以通过建立资金使用评估机制和定期审核制度，对企业的资金使用情况进行全面监督，保障资金的有效利用和企业的合理发展。

（二）政府支持中小微企业参与数字经济建设

首先，政府可以通过设立培训机构和培训项目，为中小微企业提供相关的数字经济培训和学习机会。这些培训内容可以包括数字化转型知识、电子商务技能、数字营销策略等方面的内容，帮助企业更好地了解数字经济的发展趋势和市场需求。通过提供专业的培训服务，政府可以增强企业的数字化意识和竞争力，推动中小微企业更好地参与到数字经济生态系统的建设和发展中来。

其次，除了培训服务，政府还可以通过设立创业指导中心和创业评估机构等形式，为中小微企业提供创业指导和项目评估服务。这些服务可以帮助企业规避创业风险，提高项目的成功率和可持续发展能力。通过对企业创业项目进行评估和规划，政府可以为企业提供更加科学和有效的创业指导，帮助企业更好地理解数字经济的发展趋势和市场需求，提高企业的创新能力和竞争力。

再次，为了帮助中小微企业解决资金问题，政府可以通过设立专项基金和融资平台，为企业提供贷款和融资支持。这些资金可以用于企业的生产经营和技术创新等方面，帮助企业加快产品研发和市场推广步伐，推动企业的快速发展和壮大。政府的贷款和融资支持有助于降低企业的融资成本和经营风险，提高企业的发展活力和市场竞争力。

最后，为了营造良好的创业环境，政府还需要加强政策支持和保障。建立健全的创业政策法规体系，为中小微企业提供更加优惠和支持的创业政策和税收政策，促进企业的合理发展和健康成长。同时，政府应加强对中小微企业的监督和管理，防止不良竞争和市场乱象的发生，维护市场秩序和公平竞争环境。通过以上一系列措施，政府可以为中小微企业参与数字经济建设提供有力的支持和保障，推动企业的全面发展和壮大。

（三）政府支持科技创新示范园区建设

首先，政府可以通过投入资金和资源，建立科技创新示范园区，为创新企业提供专业的场地支持和配套的服务设施。这些园区可以提供办公场地、研发实验室、生产车间等一系列创业所需的基础设施和基础设备，帮助企业降低创业成本和投资风险。与此同时，科技创新示范园区可以提供专业的创业辅导和咨询服务，帮助企业解决创业过程中的技术难题和市场挑战，提高企业的创业成功率和市场竞争力。

其次，除了示范园区，政府还可以搭建科技创新孵化基地，为创新企业提供全方位的孵化服务和支持。这些孵化基地可以提供创新创业培训、项目评估、市场推广等一系列创业服务，帮助企业全面提升创新能力和市场竞争力。通过提供专业的创业指导和项目管理，孵化基地可以帮助创新企业顺利度过初创期和起步期的困难，实现企业的快速发展和壮大。

再次，为了提高科技创新的实际效益和经济效益，政府可以加强科技成果的转化和产学研结合。通过建立产学研合作机制和技术转移平台，政府可以促进科技成果的产业化和商业化，推动科技创新和产业升级的深度融合，实现科技创新和经济增长的良性循环。同时，加强产学研合作可以提高企业的技术创新能力和市场竞争力，推动数字经济产业的快速发展和国际竞争力的提升。

最后，为了营造良好的创新环境，政府需要加强产业政策支持和管理保障。建立健全的产业政策法规体系，为科技创新示范园区和孵化基地提供更加优惠和支持的产业政策和税收政策，促进产业的合理发展和健康成长。同时，政府应加强对科技创新示范园区和孵化基地的监督和管理，防止不良竞争和市场乱象的发生，维护产业发展的良性竞争环境和市场秩序。通过以上一系列措施，政府可以为科技创新示范园区建设提供有力的支持和保障，推动数字经济产业的全面发展和国际竞争力的提升。

三、国际合作与交流

（一）加强国际标准和规范的研究与制定

政府可以与其他国家和地区展开密切合作，共同研究和制定数字经济发展的国际标准与规范。通过参与国际标准化组织和国际合作机构的工作，政府可以为本国数字经济产业的全球化发展提供统一的标准和规范，促进数字经济产品和服务的国际互通和交流。同时，加强国际标准和规范的研究和制定可以提高本国数字经济产业的国际竞争力和影响力，推动数字经济生态系统的国际化发展和交流合作。

1. 国际标准和规范的合作机制建立

首先，政府可以着手建立合作研究中心和平台，为本国与其他国家和地区的数字经济产业建立起稳固的合作基础。通过建立合作研究中心和平台，政府可以促进国际的合作交流和标准制定，推动数字经济产品和服务在国际上的互通和交流，加强数字经济产业的国际竞争力和影响力。

其次，政府可以积极推动本国与其他国家和地区的联合研究机构和国际标准化组织的建立，共同研究和制定数字经济发展的国际标准和规范。通过构建联合研究机构和组织，政府可以加强国际的合作交流和标准制定，推动数字经济产业的全球化发展和共赢合作，提高本国数字经济产业的国际化水平和影响力。

再次，政府可以加大对国际标准化组织的参与和支持力度，积极参与国际标准和规范的制定和修订工作。通过加强国际标准化组织的参与，政府可以为本国数字经济产业的全球化发展提供更多的参与机会和话语权，促进数字经济产业的全面发展和国际交流合作。

最后，政府可以推动国际合作交流的深入发展，加强本国与其他国家和地区的数字经济产业的深度融合和交流合作。通过推动国际合作交流的深入发展，政府可以为数字经济产业的全球化发展提供更多的合作机会和交流平台，促进数字经济产业的全面升级和转型发展。

2. 参与国际标准化组织的工作

首先，政府可以积极参与国际标准化组织的议题讨论，关注国际标准制定的最新动态和趋势变化。通过积极参与国际标准化组织的议题讨论，政府可以深入了解国际标准制定的原则和流程，为本国数字经济产业的标准化发展提供更为科学的指导和支持。

其次，政府可以加强本国在国际标准制定中的参与和贡献，积极推动本国数字经济产业标准的国际化发展。通过加强国际标准制定的参与和贡献，政府可以提高本国数字经济产业的国际化水平和影响力，促进数字经济产业的全面发展和国际交流合作。

再次，政府可以推动本国标准与国际标准的对接和协调，促进本国数字经济产业的标准体系与国际标准体系的互通和融合。通过推动本国标准与国际标准的对接，政府可以为本国数字经济产业的全球化发展提供更多的协调机会和交流平台，促进数字经济产业的国际竞争力和影响力的提升。

最后,政府可以加强国际标准化人才队伍的培养和建设,提高本国在国际标准化工作中的专业水平和影响力。通过加强国际标准化人才队伍的培养,政府可以为本国数字经济产业的全球化发展提供更为坚实的人才支持和保障,推动数字经济产业的全面升级和转型发展。

3. 促进国际标准和规范的落地实施

首先,政府可以加强与其他国家和地区的合作交流平台的建设,搭建更加便捷的交流合作渠道和平台。通过建立国际合作交流平台,政府可以为本国数字经济产业提供更为广阔的国际化合作机遇和交流平台,促进数字经济产业的全球化发展和交流合作。

其次,政府可以加快国际标准与本国实际的对接和融合,促进国际标准在本国数字经济产业中的落地实施和应用推广。通过加快国际标准与本国实际的对接和融合,政府可以为本国数字经济产业提供更为精准的指导和支持,推动数字经济产业的全面升级和转型发展。

再次,政府可以加强国际标准化专业团队的组建和建设,提高本国数字经济产业的标准化水平和专业化能力。通过加强国际标准化专业团队的组建和建设,政府可以为数字经济产业的全球化发展提供更为坚实的人才支持和保障,推动数字经济产业的全面升级和转型发展。

最后,政府可以建立国际标准化实施监督和评估机制,加强对国际标准在本国数字经济产业中实施情况的监测和评估。通过建立国际标准化实施监督和评估机制,政府可以及时发现和解决实施过程中的困难和问题,推动国际标准在本国数字经济产业中的顺利实施和推广,促进数字经济产业的全球化发展和国际竞争力的提升。

(二)开展国际性展会和论坛

为了提升本国数字经济产业的知名度和影响力,政府可以积极举办国际性的展会和论坛活动。通过举办数字经济产业的展览展示和专业论坛交流,政府可以为本国企业提供更多的国际合作和交流机会,吸引更多的国际资源和项目投资,推动本国数字经济产业的全面发展和国际竞争力的提升。同时,国际性展会和论坛活动可以促进本国数字经济产业与国际市场的深度对接和交流合作,拓展本国数字经济产业的国际化发展空间和合作平台。

1. 举办国际性展览活动

首先,政府可以建立国际化的数字经济产业展览平台,为本国企业提供一个与国际市场对接和交流的平台。通过建立国际化展览平台,政府可以帮助本国企业提升产品的国际知名度和影响力,拓展企业的国际市场份额,推动数字经济产业的全球化发展和合作交流。

其次,政府可以为参展企业提供丰富的展览资源和支持服务,包括展览场地租赁、展位设计搭建、物流运输等方面的支持。通过提供展览资源和支持服务,政府可以降低企业参展的成本和门槛,帮助更多中小微企业参与到国际展览活动中来,推动数字经济产业的全面发展和国际竞争力的提升。

最后，政府可以加强与国际展会组织的合作交流，积极参与国际展会组织的活动和会议，拓展本国企业的国际合作机遇和交流平台。通过加强与国际展会组织的合作交流，政府可以为本国企业提供更多的国际化合作机遇和交流平台，加快本国数字经济产业与国际市场的深度融合和交流合作，推动数字经济产业的全球化发展和合作交流。

2. 组织专业论坛交流

首先，政府可以建立专业的数字经济产业学术交流平台，为本国企业提供一个与国际同行学者进行深入交流和合作的平台。通过建立学术交流平台，政府可以促进本国企业与国际同行学者的学术交流和合作对接，加强本国企业的学术研究水平和学术影响力，推动数字经济产业的国际化发展和学术交流合作。

其次，政府可以组织举办专业的数字经济产业学术研讨会和论文评选活动，为本国企业提供更多的学术研究交流和成果展示机会。通过举办学术研讨会和论文评选活动，政府可以鼓励本国企业开展更多的学术研究和创新实践，提高企业的学术影响力和创新能力，促进数字经济产业的全面升级和学术交流合作。

再次，政府可以加强与国际学术机构的合作交流，积极参与国际学术机构的活动和合作项目。通过加强与国际学术机构的合作交流，政府可以为本国企业提供更多的国际化学术交流和合作项目机会，拓展本国企业的国际合作网络和学术影响力，推动数字经济产业的全球化发展和学术交流合作。

最后，政府可以建立学术交流成果评估机制，加强对学术交流活动成果的评估和监测。通过建立评估机制，政府可以及时了解学术交流活动的效果和影响，发现和解决交流活动中存在的困难和问题，为未来的学术交流活动策划和组织提供更为科学的决策依据与指导。

3. 加强国际合作交流

首先，政府可以着手建立稳固的国际合作交流机制，与其他国家和地区签订合作协议并制订合作交流计划。通过建立合作机制，政府可以为本国企业提供更加稳定的国际合作平台和合作交流机会，促进数字经济产业与国际市场的深度融合和交流合作，推动数字经济产业的全球化发展和国际竞争力的提升。

其次，政府可以加大对国际项目投资和合作的支持力度，鼓励本国企业积极参与国际合作项目和合作交流活动。通过加强国际项目投资和合作，政府可以为本国企业提供更多的国际化项目机遇和合作平台，促进数字经济产业的全面升级和转型发展，提高本国企业在国际市场上的竞争力和影响力。

再次，政府可以积极推动本国数字经济产业的国际化发展，通过开展国际市场调研和战略规划，寻求更多的国际合作机遇和合作项目。通过推动国际化发展，政府可以为本国企业拓展更广阔的国际市场空间和合作发展机遇，提高数字经济产业的国际竞争力和影响力，促进数字经济产业的全面发展和国际合作交流。

（三）加强国际人才交流与培训

为了提高本国数字经济产业的创新能力和人才素质，政府可以加强国际人才交流与培训。通过开展国际性的人才培训和交流项目，政府可以为本国数字经济产业引进更多的国际化人才和专业技术人员，提高本国数字经济产业的人才储备和创新能力。同时，加强国际人才交流与培训可以促进本国数字经济产业与国际先进技术的深度融合和交流学习，推动数字经济生态系统的全球化发展和交流合作。通过以上一系列国际合作与交流举措，政府可以为数字经济产业的全球化发展提供有力的支持和保障，推动数字经济产业的全面升级和转型发展。

1. 开展国际人才培训项目

政府可以组织开展国际性的数字经济产业人才培训项目，为本国企业引进更多的国际化人才和专业技术人员。通过开展人才培训项目，政府可以提高本国数字经济产业的人才储备和创新能力，培养更多高素质的专业人才和技术团队，推动数字经济产业的全面升级和转型发展。

2. 促进国际人才交流与合作

政府可以积极促进本国与其他国家和地区的数字经济产业人才交流与合作。通过加强国际的人才交流与合作，政府可以为本国数字经济产业引进更多国际化的创新人才和技术专家，提高企业的创新能力和国际竞争力，促进数字经济产业的全球化发展和交流合作。

3. 建立国际人才交流平台

政府可以建立国际化的人才交流平台，为本国企业提供更多的国际化合作机会和交流平台。通过建立人才交流平台，政府可以加强本国与国际市场的对接和交流合作，提高本国数字经济产业的国际化水平和竞争力，推动数字经济产业的全面发展和国际交流合作。

第三节　跨界合作型模式

一、资源整合与优势互补

（一）资源整合的重要性

跨界合作在数字经济生态系统中促进了不同产业间资源的整合与共享，使得各行业可以共同利用彼此的资源，降低生产成本，提高资源利用效率。这种资源整合的过程不仅能够带来经济效益，还可以加速产业结构的优化和升级，推动整个生态系统的可持续发展。

1. 资源整合的效益

首先，资源整合使得企业能够在生产过程中更加高效地利用各种资源。通过跨界合作，不同产业的企业可以共享彼此的人力、资金、技术和信息资源，从而降低了生产成本，提高了生产效率。这种资源共享与整合使得企业在生产过程中能够更加灵活地配置资源，避免了资源的浪费和重复投入，提高了整体资源利用效率。

其次，资源整合促进了产业结构的优化和升级。不同产业之间的资源整合使得各产业能够发挥各自的优势，实现资源的优势互补。这种优势互补推动了产业结构的优化和升级，使得整个数字经济生态系统能够更加适应市场需求的变化，提升了整体产业的竞争力和创新能力。

再次，资源整合促进了创新能力的提升。不同产业间的资源整合使得创新能力得到了进一步的提升和发展。在资源整合的过程中，不同领域的专业知识和技术得以融合，催生了更多创新型的产品和服务。这种创新能力的提升使得企业能够更好地适应市场的需求变化，拓展了产品和服务的多样化，提高了企业在市场中的竞争力和影响力。

最后，资源整合为企业提供了更广阔的发展空间和机遇。通过不同产业之间的资源整合，企业可以获得更多的发展机遇和合作平台。资源整合使得企业能够更加有效地利用市场的机遇和资源，实现企业的跨越式发展和壮大目标。这种发展空间的拓展为企业的长期发展提供了更为坚实的基础和保障。

2. 协同效应的产生

首先，资源整合带来的协同效应使得不同产业之间能够共同发挥各自的优势。通过资源整合，各产业可以充分利用彼此的资源和技术优势，在合作中发挥各自的特长，实现资源的优势互补和协同增效。这种协同效应使得合作各方能够在合作中取得更大的产出和效益，实现合作共赢的局面。

其次，协同效应的产生推动了数字经济生态系统的更加健康和有序地发展。不同产业间的协同作用使得整个生态系统能够更加平衡的发展，避免了产业间的竞争和资源浪费，促进了生态系统的良性循环和可持续发展。这种健康地生态系统发展为产业的长期稳定发展提供了更为有力的保障和支持。

再次，协同效应的产生促进了创新能力的提升。不同产业之间的协同作用使得创新能力得到了进一步的提升和发展。在协同作用的过程中，不同领域的专业知识和技术得以融合，催生了更多创新型的产品和服务。这种创新能力的提升使得整个生态系统能够更好地适应市场需求的变化，拓展了产品和服务的多样化，提高了生态系统在市场中的竞争力和影响力。

最后，协同效应的产生为产业的可持续发展提供了更为坚实的基础。不同产业之间的协同作用使得各方能够共同推动产业的长期稳定发展和壮大。这种可持续发展的基础为产业的长远发展提供了更多的机遇和合作平台，为产业的持续发展注入了更为坚实的动力和活力。

（二）优势互补的协同效应

通过跨界合作，不同产业间的优势互补能够带来协同效应，提升各企业的竞争力和市场占有率。例如，传统制造业与数字技术企业的合作可以实现智能制造的突破，提高生产效率和产品质量，从而实现产业升级和转型。

1. 数字化合作提升产业竞争力

首先，产业数字化协同提升了生产效率和质量。传统制造业与数字技术企业的跨界合作使得生产流程得以数字化和智能化，从而提高了生产效率并且保障了产品质量的稳定性。数字化生产过程能够实现精细化管理和智能化控制，减少了人为因素的干预，降低了生产环节的错误率，提升了整体生产效率，使企业能够更快速地响应市场需求。

其次，优势互补带来了技术创新的突破。传统制造业的生产经验和数字技术企业的创新能力结合在一起，推动了技术的跨界融合和创新。这种合作模式带来了更高水平的技术研发与创新，推动了产品设计和制造工艺的升级，使得产品更加智能化和个性化，满足了消费者对个性化定制的需求。

再次，数字化协同促进了市场占有率的提升。由于数字化合作带来的产品质量的提升和生产效率的提高，企业能够提供更具竞争力的产品和服务。这使得企业在市场中占据更有利的竞争地位，提高了产品的市场占有率和品牌影响力，进而获得了更多的市场份额和利润空间。

最后，数字化合作为企业的长期发展奠定了坚实基础。通过持续地数字化合作，企业不仅能够适应市场的快速变化，还能够保持竞争力和灵活性，为企业的长期发展提供了可持续的基础和保障。这种长期的合作关系能够使企业在日益激烈的市场竞争中保持持续的创新能力和竞争优势。

2. 跨界合作推动创新产品与服务

首先，跨界合作拓展了创新产品和服务的研发空间。不同产业间的合作使得企业能够获得更多的技术和市场资源，促进了产品研发和创新。这种合作模式打破了传统行业的壁垒，为产品研发提供了更多的可能性和创新方向，推动了新产品和服务的不断涌现。

其次，优势互补带来了产品线的多元化和完善。通过跨界合作，企业可以融合不同产业的优势资源，使得产品线得以更加丰富和完善。这种多元化的产品线能够更好地满足消费者多样化的需求，提高产品的市场覆盖率和销售量，增加了企业的盈利空间和市场份额。

再次，创新能力的提升推动了企业的持续发展。通过不同产业间的创新合作，企业能够不断提升自身的创新能力和竞争力，使得企业能够在激烈的市场竞争中保持持续地发展动力。这种持续地创新能力是企业实现长期发展和持续盈利的重要保障。

最后，创新产品与服务的推出促进了企业的品牌影响力和市场竞争力的提升。通过不断推出创新产品和服务，企业能够树立良好的品牌形象和市场声誉，吸引更多消费者的关注和认可。这种品牌影响力的提升进而促进了企业的市场竞争力的提高，使得企业能够在市场中占据更有利的地位和优势。

3. 优势互补带来的成本效益

首先，资源共享降低了生产成本。通过跨界合作，企业可以共同利用彼此的生产设施和生产线，实现资源的共享和利用效率的提升。这种资源共享使得企业能够降低生产成本，提高生产效率，从而降低产品的生产成本，提高了企业的盈利能力和市场竞争力。

其次，研发成本共担降低了创新成本。不同产业间的合作使得企业可以共同承担产品研发的成本和风险，实现了研发成本的共担和降低。这种研发成本的降低使得企业能够更加轻松地开展创新研发工作，推出更多具有竞争力的新产品和服务，提升了企业的市场竞争力和市场份额。

再次，市场推广费用共担提高了产品的性价比。通过共同承担市场推广费用，企业能够降低产品的销售成本，提高产品的性价比，吸引更多消费者的关注和购买欲望。这种性价比的提高使得企业能够在市场中占据更有利的地位和竞争优势，实现企业的盈利能力和市场占有率的提升。

最后，成本效益的提升为企业的长期发展提供了更为坚实的基础和保障。成本的降低使得企业能够更加灵活地调整市场策略和产品定价，提高了企业在市场中的应变能力和竞争力，为企业的长期发展提供了更为坚实的保障和支持。

二、技术创新与产业升级

跨界合作推动了不同行业之间的技术创新与共享，促进了数字技术与传统产业的深度融合。这种技术创新可以带来产品的多样化和升级，提高企业的创新能力和市场竞争力。

（一）促进数字化转型与创新

首先，跨界合作在数字化转型方面发挥了重要作用。传统产业通过与数字技术企业的合作，能够更好地进行数字化转型，实现生产模式的升级和效率的提升。通过引入数字化技术，企业能够实现生产流程的智能化管理和生产过程的优化调整，提高生产效率和产品质量，降低生产成本，实现企业在市场中的竞争优势和长期发展。

其次，跨界合作推动了创新技术的应用。通过不同行业之间的合作与交流，企业能够共同探索和应用创新技术，推动技术的跨界应用和产业的升级转型。数字技术的不断创新和应用，使得传统产业能够更好地适应市场需求的变化和升级，推动产品的更新换代和市场竞争力的提升。

再次，跨界合作促进了数字技术的普及和应用。通过不同行业之间的合作与交流，数字技术得以更广泛地应用于传统产业中，推动了数字技术在产业链各个环节的全面应用和普及。数字技术的普及应用使得传统产业能够更好地适应市场需求的变化和升级，提高生产效率和产品质量，实现企业的可持续发展和长期竞争优势。

最后，跨界合作助力传统产业实现智能化管理。通过数字技术的应用与整合，传统产业能够更好地实现生产流程的智能化管理和生产过程的优化调整。数字技术的应用使得传统产业能够更加高效地调整生产结构和管理模式，提高生产效率和产品质量，实现企业的可持续发展和长期竞争优势。

（二）促进产品多样化和个性化

首先，跨界合作促进了产品多样化和个性化的发展。通过不同行业之间的合作与交流，企业能够更加精准地了解消费者的需求和偏好，针对不同消费群体推出更加多样化和个性化的产品。这种多样化和个性化的产品开发能够更好地满足消费者的多样化需求，提高产品的市场占有率和用户满意度，为企业的长期发展奠定了良好的基础。

其次，跨界合作推动了产品创新和升级。通过技术创新和合作创新，企业能够不断推出具有创新性和竞争力的产品，满足消费者不断升级的需求和期待。产品的持续创新和升级使得企业能够在市场竞争中保持活力和优势，提高产品的市场占有率和用户满意度，实现企业的长期稳定发展。

再次，跨界合作促进了市场细分和定制化需求的满足。通过技术创新和市场调研，企业能够更好地对市场进行细分和分析，针对不同的市场细分群体推出定制化的产品和服务。这种市场细分和定制化需求的满足能够更好地满足消费者的个性化需求，提高了产品的市场占有率和用户满意度，实现了企业的长期稳定发展。

最后，跨界合作促进了产品生命周期的管理和延长。通过技术创新和合作创新，企业能够更好地管理产品的生命周期，延长产品的市场寿命和竞争周期。产品生命周期的管理和延长使得企业能够更加有效地利用资源，提高产品的市场占有率和用户满意度，实现企业的长期稳定发展和竞争优势。

（三）提升企业的创新能力和市场竞争力

首先，跨界合作提升了企业的创新能力。不同行业之间的合作促进了知识和技术的交流与共享，激发了企业内部的创新潜能。企业通过吸收外部的先进技术和管理经验，结合自身的资源和能力进行创新实践，推动了新产品、新技术的不断涌现，提高了企业的创新效率和创新质量。

其次，跨界合作增强了企业的市场竞争力。通过合作伙伴间的资源共享和优势互补，企业能够更好地把握市场的发展趋势和消费者需求变化，灵活调整产品结构和营销策略。提升的市场竞争力使得企业能够在激烈的市场竞争中保持竞争优势，从而稳固企业的市场地位和品牌影响力。

再次，跨界合作促进了企业的组织学习能力。通过与其他行业的合作交流，企业可以学习和吸收其他行业的先进管理经验和企业文化，不断完善自身的管理模式和组织结构。企业组织学习能力的提升使得其能够更好地适应市场的变化和发展需求，实现长期稳定和持续发展。

最后，跨界合作促进了企业的创新文化建设。通过不同行业间的合作和交流，企业可以培养出开放、包容的创新文化氛围，鼓励员工提出新思路和创意，推动企业的创新意识和创新能力的不断提升。创新文化的建设使得企业能够不断开拓创新领域，探索新的发展模式，保持企业的活力和竞争力。

三、市场拓展与消费需求满足

（一）多元化市场发展推动企业收益增长

跨界合作可以帮助企业进入新的市场领域，拓展更广阔的客户群体，实现产品和服务的多元化发展。通过与其他行业的合作，企业可以利用彼此的优势资源和市场渠道，拓展新的产品线和服务范围，提高企业的收益水平和市场占有率。

1. 市场多元化带来收益增长

首先，市场多元化促进销售增长。通过跨界合作，企业能够拓展产品和服务的范围，满足更广泛客户群体的需求。这种多元化的市场策略可以促进销售量的增长，扩大企业的市场份额和影响力，实现销售收入的持续增长和多元化发展。

其次，多元化产品满足消费者差异化需求。跨界合作带来的产品多元化能够满足不同消费者群体的差异化需求。通过推出更多样化、个性化的产品和服务，企业能够更好地满足消费者对产品的个性化需求，提高产品的市场竞争力和市场占有率。

再次，市场多元化降低市场风险。通过在多个不同市场领域展开业务，企业可以降低单一市场波动对企业的影响。多元化的市场战略使得企业能够在不同市场间实现收益的均衡分配，降低市场风险，保障企业的持续稳定发展。

最后，多元化发展提升企业竞争力。通过在不同市场领域的发展，企业能够积累更多的市场经验和品牌影响力，提高企业在市场中的竞争力和地位。多元化的市场发展策略为企业未来的可持续发展提供了更为坚实的基础和保障。

2. 拓展市场渠道促进产品推广

首先，利用合作伙伴的市场渠道可以快速拓展产品覆盖范围。通过与其他行业的合作，企业可以借助合作伙伴已有的市场渠道和客户资源，迅速将产品推向更广泛的消费者群体。这有助于提高产品的知名度和认知度，扩大产品的市场覆盖范围。

其次，拓展市场渠道可以提高产品推广的效率和速度。合作伙伴的市场渠道可以为产品推广提供更多的资源支持和市场投放渠道，使产品能够更快速地被消费者所接受和认可。这种高效地市场推广过程有助于提升产品的市场竞争力和品牌知名度。

再次，拓展市场渠道可以降低企业的推广成本和风险。与其他行业的合作可以分享市场推广的成本和风险，降低企业在推广过程中的经济压力。这有助于提高企业的推广效率和投入回报比，为企业的长期发展创造更加稳健的市场环境。

最后，拓展市场渠道可以提升企业的品牌影响力和市场竞争力。通过与合作伙伴共同推广产品，企业的品牌影响力可以得到进一步提升，市场竞争力也会随之增强。这为企业未来在市场中的地位提升和品牌建设提供了有力支撑和保障。

3. 多元化服务模式提升客户满意度

首先，多元化的服务模式可以满足客户个性化的需求和体验。通过跨界合作，企业可以了解到不同客户群体的差异化需求，提供更加个性化和定制化的服务方案，从而更好地满足客户的需求和提升其购物体验。

其次，多元化的服务模式可以增强客户对企业的信任和忠诚度。通过提供多样化的服务选择和贴心的服务体验，企业能够树立良好的客户关系和信任基础，提升客户的忠诚度和粘性，从而为企业的长期发展打下坚实的客户基础。

再次，多元化的服务模式可以提升企业的品牌形象和口碑。通过提供优质的客户服务和个性化的购物体验，企业能够树立良好的品牌形象和口碑，赢得客户的良好评价和口碑传播，进而提升企业在市场中的竞争力和影响力。

最后，多元化的服务模式可以促进客户满意度的持续提升。通过不断优化服务模式和提升服务水平，企业能够持续提升客户的满意度和购物体验，吸引更多的回头客和新客户，为企业的长期发展和持续增长提供可靠的市场支撑。

（二）消费需求个性化提升产品竞争力

通过跨界合作，企业可以更好地了解消费者的个性化需求和偏好，开发出更加符合消费者需求的个性化产品和服务。通过数字技术和传统产业的融合，产品可以更加贴近消费者的生活场景和消费习惯，提高消费者的购买体验和满意度，促进企业的品牌价值和市场竞争力的提升。

1. 个性化需求提升产品竞争力

个性化需求是消费者在购买产品或服务时对特定特征或定制化体验的需求。通过深入了解消费者的个性化需求，企业可以更好地定位市场，精准推出符合消费者需求的个性化产品和服务，从而提升产品的竞争力和市场占有率。跨界合作为企业提供了深入了解不同行业需求的机会，从而更好地满足消费者日益多样化的需求。个性化需求的提升不仅可以满足消费者的个性化体验需求，还可以提高企业在市场中的竞争力和长期发展的可持续性。

首先，个性化需求分析是企业实现市场精准定位的重要一环。通过对消费者个性化需求的调研和分析，企业可以更加精准地了解不同消费群体的偏好和需求特点，从而针对性地开发出符合市场需求的个性化产品和服务。对消费者需求的深入了解使得企业能够更好地把握市场趋势，提高产品的市场适应性和竞争力。

其次，个性化产品和服务的推出可以满足不同消费群体的特定需求，提高产品的市场吸引力和竞争优势。通过与其他行业的合作，企业可以整合不同领域的资源和技术优势，推出更加符合消费者个性化需求的产品和服务。这种个性化产品和服务的推出不仅可以提高消费者的购买体验和满意度，还可以树立企业在市场中的良好形象和口碑。

再次，个性化需求的满足可以带来产品创新和差异化竞争优势。通过不断地了解和满足消费者个性化需求，企业可以不断地推出创新产品和服务，与竞争对手形成差异化竞争优势。个性化需求的满足使得企业能够更好地抓住消费者的痛点和需求空白，推出更加创新和有竞争力的产品，从而提高产品的市场占有率和品牌影响力。

最后，个性化需求的提升可以促进企业的品牌忠诚度和用户口碑。通过提供符合消费者个性化需求的产品和服务，企业可以赢得消费者的信任和认可，树立良好的品牌形象和企业信誉度。消费者对企业产品的满意度和忠诚度的提高将进一步促进企业在市场中的长期稳定发展与竞争优势的形成。

2. 个性化服务增强品牌忠诚度

个性化服务是企业针对消费者特定需求和偏好所提供的定制化服务方案。通过提供个性化的购物体验和定制化的服务方案，企业可以增强消费者对产品的好感度和满意度，赢得消费者的信任和忠诚度，建立良好的品牌口碑和消费者基础。

首先，个性化服务可以提升消费者的购物体验和满意度。通过深入了解消费者的需求和偏好，企业可以为消费者量身定制个性化的产品和服务，满足消费者多样化的需求和购物体验。个性化服务不仅可以提高消费者的购买满意度，还可以增加消费者对企业品牌的好感度和忠诚度，促进消费者的再次购买和长期消费行为。

其次，个性化服务可以树立企业良好的品牌形象和口碑。通过提供贴心的个性化服务，企业可以赢得消费者的信任和认可，树立良好的企业品牌形象和信誉度。消费者对企业个性化服务的认可和好评将进一步提升企业在市场中的竞争力和品牌价值，吸引更多消费者的关注和支持。

再次，个性化服务可以促进消费者与企业之间的情感连接和互动。通过与消费者建立个性化的互动和沟通，企业可以更好地了解消费者的需求和反馈，进而优化产品和服务，提高产品的市场竞争力和消费者满意度。消费者与企业之间的情感连接将进一步促进消费者对企业的信任和忠诚度，形成良好的消费者基础和口碑传播。

最后，个性化服务可以帮助企业实现品牌差异化竞争优势。通过提供独特的个性化服务方案，企业可以与竞争对手形成差异化竞争优势，吸引更多消费者的关注和支持。个性化服务的差异化特点将进一步提升企业在市场中的品牌知名度和竞争力，推动企业实现长期稳定的市场发展和业务增长。

3. 个性化服务提升品牌价值

个性化服务是企业根据消费者特定需求和偏好提供的定制化服务方案，其对企业的品牌价值和市场影响力具有积极的推动作用。通过满足消费者个性化需求和提供差异化的产品体验，企业可以树立独特的品牌形象和市场定位，赢得消费者的认可和好评，提高企业在市场中的竞争力和品牌价值。

首先，个性化服务可以加强消费者与品牌之间的情感联系。通过提供个性化的产品和服务，企业可以更好地满足消费者的个性化需求，从而增强消费者对品牌的认同感和归属感。消费者对企业个性化服务的认可和赞赏将增强消费者与品牌之间的情感联系，提高消费者的品牌忠诚度和转化率。

其次，个性化服务可以塑造企业独特的品牌形象和市场定位。通过满足消费者个性化需求和提供独特的产品体验，企业可以树立差异化的品牌形象和市场定位，与竞争对手形成明显的差异化竞争优势。消费者对企业个性化服务的认可和好评将进一步提升企业在市场中的品牌价值与知名度。

再次，个性化服务可以提升消费者对品牌的认知和好感度。通过提供个性化的产品和服务，企业可以赢得消费者的青睐和好评，提高消费者对品牌的信任和好感度。消费者对企业个性化服务的积极反馈和口碑传播将为企业树立良好的品牌形象与声誉，促进品牌的长期发展和市场影响力的提升。

最后，个性化服务可以带来品牌的持续增值和发展。通过不断优化个性化服务体验和提升产品的个性化定制能力，企业可以不断提升品牌的附加值和市场竞争力。个性化服务的持续提升将为企业创造持久的品牌价值和市场影响力，推动企业实现长期稳定的市场发展和品牌地位的提升。

第六章　数字经济生态系统管理和运营

第一节　生态系统的结构

数字经济生态系统的结构是生态系统管理和运营的基础和核心，其内部结构的关键特征直接决定着生态系统的协同效应和协作效率。生态系统内部结构的关键特征包括参与主体的类型和角色、关联网络的形态和特征以及生态系统的层级结构和功能分工等。通过对这些关键特征的深入分析和评估，可以全面了解数字经济生态系统的运行机制和发展规律，为生态系统管理和运营提供科学依据与战略支持。

一、生态系统的结构

（一）参与主体的类型和角色分析

在数字经济生态系统中，参与主体的类型和角色多样且关系密切，包括企业、政府、科研机构、消费者等各类主体。不同类型的主体在生态系统中扮演着不同的角色，其中企业承担着技术创新和产品开发的主要责任，政府则负责制定政策和规范市场秩序，科研机构则提供技术支持和专业知识，而消费者则是市场需求的重要来源。通过深入分析不同类型主体的特点和作用，可以更好地协调各方合作，促进生态系统内部协同作用的发挥。

1.企业在数字经济生态系统中承担着技术创新和产品开发的主要责任

首先，企业在数字经济生态系统中承担着技术创新的重要责任。作为生态系统的核心驱动者，企业通过不断的技术创新和研发投入推动着整个生态系统的进步和发展。企业在不断探索新技术、新产品的同时，也为生态系统的创新注入了源源不断的活力和动力。通过技术创新，企业能够不断提高产品的质量和性能，满足消费者不断变化的需求，进而促进整个生态系统的良性循环和可持续发展。

其次，企业在数字经济生态系统中担负着产品开发的关键角色。通过产品的持续创新和优化，企业能够不断提升产品的竞争力和市场占有率，拓展企业的业务范围和影响力。企业通过深入了解市场需求和消费者偏好，不断推出适应市场需求的新产品，满足消费者对不同产品和服务的多样化需求，从而提高企业的市场竞争力和盈利能力。企业在数字经济生态系统中的产品开发工作不仅直接影响着企业自身的发展，也对整个生态系统的健康发展起着重要作用。

再次，作为生态系统的资源提供者，企业不仅为生态系统的运行提供了所需的技术和产品支持，也为其他参与主体提供了就业和经济支持。通过提供就业机会和经济支持，企业能够有效促进生态系统内部的资源共享和利用，增强参与主体之间的互动和合作，从而促进整个生态系统的繁荣和发展。企业作为资源的重要提供者，承担着重要的社会责任和使命，不仅促进了生态系统内部的协同作用，也为整个社会经济的稳定和发展作出了重要贡献。

最后，企业在数字经济生态系统中的积极作用不仅体现在技术创新和产品开发上，还体现在对整个生态系统的发展和壮大上。企业通过不断提升自身的竞争力和创新能力，带动了生态系统内部的良性发展和协同效应，促进了整个生态系统的可持续发展和长期繁荣。企业的积极参与和贡献为数字经济生态系统的建设和发展注入了强大的动力和活力，为其未来数字经济的发展奠定了坚实的基础和保障。

2. 政府在数字经济生态系统中负责制定政策和规范市场秩序

首先，政府在数字经济生态系统中承担着制定政策和法规的重要责任。通过建立相关的法规和政策，政府可以规范市场秩序，维护市场的公平竞争环境，防止垄断和不正当竞争行为的发生，保障企业和消费者的合法权益。政府在制定政策和法规的过程中，需要充分考虑到生态系统内部各方的利益和关切，确保政策的科学性和合理性，促进数字经济生态系统的健康发展和持续壮大。

其次，政府在数字经济生态系统中具有推动科技创新和产业升级的重要职责。政府通过资助和支持科研项目与创新企业，促进科技创新和成果转化，推动产业升级和转型升级，提高数字经济生态系统的整体竞争力和创新能力。政府在推动科技创新和产业升级过程中，需要注重产学研结合，促进科技成果的转化和商业化，加强政策的针对性和可操作性，推动数字经济生态系统的创新发展和跨越式发展。

再次，政府在数字经济生态系统中发挥着监管和管理的重要作用。政府通过建立健全的监管机制和管理体系，加强对市场的监督和管理，防范和化解市场风险，维护市场的稳定和良性发展。政府在监管和管理过程中，需要加强与各方的沟通与协调，确保政策的有效实施和落地，提高监管的针对性和有效性，促进数字经济生态系统的良性循环和持续健康发展。

最后，政府在数字经济生态系统中的积极作用不仅体现在政策制定和法规管理上，还体现在对科技创新和产业升级的推动上。政府通过积极的政策引导和管理监督，不断完善数字经济生态系统的治理体系，促进了生态系统的健康发展和可持续壮大，为全面建设数字经济新体系奠定了坚实的基础和保障。

3. 科研机构在数字经济生态系统中提供技术支持和专业知识

首先，科研机构在数字经济生态系统中发挥着提供技术支持和专业知识的重要作用。通过开展前沿科研和技术攻关，科研机构能够为数字经济生态系统内部的企业和政府部门提供专业的技术支持与咨询服务，帮助其解决技术难题和创新瓶颈，推动技术的持续进步和创新发展。科研机构通过技术支持和专业知识的提供，促进了数字经济生态系统的快速发展和升级，推动了整个生态系统的良性循环和持续健康发展。

其次，科研机构承担着培养人才和传承知识的重要职责。通过开展科研项目和技术创新活动，科研机构能够培养更多具有创新意识和实践能力的科研人才，为数字经济生态系统的可持续发展提供人才支持和智力保障。同时，科研机构积极推动知识的传承和分享，加强对科研成果的推广和应用，促进了科技成果的转化和商业化，为数字经济生态系统的长期发展和可持续发展奠定了坚实的人才与知识基础。

再次，科研机构在数字经济生态系统中的积极作用不仅体现在技术支持和专业知识的提供上，还体现在人才培养和知识传承方面。科研机构通过积极开展科研活动和人才培养工作，不断提高人才的科研水平和实践能力，推动数字经济生态系统的创新发展和智力支持。同时，科研机构可以加强与企业和政府的合作与交流，促进产学研合作和技术转移，推动科研成果的应用和推广，从而为数字经济生态系统的创新发展和跨越式发展提供坚实的技术和智力支持。

最后，科研机构在数字经济生态系统中的积极作用不仅有助于推动科技创新和产业发展，还为生态系统的健康发展和可持续壮大提供了重要支撑和保障。通过不懈地科研努力和技术攻关，科研机构为数字经济生态系统的科技创新和成果转化注入了强劲动力，促进了数字经济生态系统的持续健康发展和全面升级。

（二）关联网络的形态和特征解析

生态系统内部的关联网络是支撑生态系统运行的重要结构之一，包括产业链、价值链、供应链等多种关联网络形态。这些关联网络的特征包括网络密度、连接强度、信息流动速度等方面，不同特征的关联网络会对生态系统内部的协同效应和协作效率产生重要影响。通过对关联网络的形态和特征进行深入解析，可以有效优化生态系统内部的合作模式和运作机制，提升生态系统的整体运营效率。

1. 产业链

首先，产业链作为数字经济生态系统中最基本的关联网络之一，发挥着连接不同环节的重要纽带和桥梁作用。产业链的形态和特征决定了数字经济生态系统内部生产和流通的关键特点和环节，直接影响着生态系统的整体协同效应和协作效率。在产业链中，各个环节之间的协同作用和协作关系密不可分，相互衔接和互为依存，共同构成数字经济生态系统的核心运行机制和发展规律。

其次，产业链的特征主要表现为供应商、生产商、分销商和消费者等多个环节的紧密衔接与协同作用。供应商作为产业链的起始环节，负责原材料的供给和生产前期的准备工作，为生产商提供必要的资源和支持；生产商负责将原材料加工和生产成最终产品，为分销商提供具有竞争力的产品和服务；分销商作为连接生产商和消费者的关键环节，负责产品的销售和分发工作，确保产品能够顺利地进入市场和消费者群体；消费者作为产业链的终端环节，对产品的需求和满意度直接决定着整个产业链的运行效率与市场竞争力。

再次，产业链的协同效应和协作效率直接决定着整个产业链的运行效率与市场竞争力。产业链内部环节之间的紧密衔接和协同作用是产业链能够高效运转的关键要素，各个环节之间的协同配合和合作共赢是产业链能够不断壮大和发展的重要保障。通过加强产业链内部的协同作用和协作机制，数字经济生态系统可以提高生产和流通的效率，提升产品的市场竞争力和消费者的满意度，实现生态系统的持续健康发展和全面升级。

最后，产业链作为数字经济生态系统中最基本的关联网络之一，其密切关联和协作共同构成数字经济生态系统的核心运行机制和发展规律。通过优化产业链内部的协同效应和协作效率，数字经济生态系统可以实现生产和流通的高效运转，提升生态系统的整体竞争力和市场影响力，为数字经济生态系统的健康发展和可持续壮大提供坚实的基础和保障。

2. 价值链

首先，价值链作为数字经济生态系统中价值创造和传递的关键路径，承担着将资源转化为最终产品和服务的重要责任。价值链的形态和特征直接决定了数字经济生态系统内部价值创造和传递的核心环节和关键路径，是企业实现核心竞争力和市场优势的重要保障和基础支撑。通过对价值链的深入分析和优化设计，可以有效提高数字经济生态系统内部价值创造和传递的效率和质量，实现生态系统的持续升级和发展。

其次，价值链的特征主要体现在价值创造和传递过程中的各个环节之间的关联程度与协同作用。在价值链中，原材料采购、产品设计、生产制造、营销销售以及售后服务等环节相互关联，共同构成了数字经济生态系统内部价值创造和传递的完整路径和流程。这些环节之间的紧密衔接和协同作用是实现价值创造和传递高效运转的关键要素，各个环节之间的协同配合和合作共赢是价值链能够不断增值和发展的重要保障与支持。

再次，优化价值链的特征可以有效提高价值创造的效率和产品服务的质量，提升企业的核心竞争力和市场份额。通过优化原材料采购的渠道和方式、优化产品设计的流程和策略、优化生产制造的技术和流程、优化营销销售的渠道和策略、优化售后服务的质量和效率，企业可以实现价值链内部各个环节的高效运转和协同作用，提高产品和服务的附加值与竞争力，赢得消费者的信赖和支持，提升企业的市场影响力和品牌价值。

最后，价值链作为数字经济生态系统中价值创造和传递的关键路径，其优化和提升直接决定着企业的核心竞争力和市场优势。通过不断优化价值链的特征和环节，企业可以实现价值创造和传递的高效运转和协同作用，提升产品和服务的附加值与市场竞争力，实现企业的持续发展和可持续增长。

3. 供应链

首先，供应链作为数字经济生态系统中物流和信息流传递的关键路径，承担着将原材料和产品从供应商到消费者的关键责任。供应链的形态和特征直接影响着数字经济生态系统内物流和信息流的高效传递和协同作用，是企业实现生产和销售高效运转的重要保障和基础支撑。通过对供应链的深入分析和优化设计，可以有效降低数字经济生态系统内部的物流成本和信息传递成本，提高生产和销售效率，实现生态系统的持续升级和发展。

其次，供应链的特征主要表现在物流和信息流的快速传递和共享，以及各个环节之间的协同配合和协作效率。在供应链中，供应商、制造商、分销商和零售商等环节相互关联，共同构成了数字经济生态系统内部物流和信息流传递的完整路径和流程。这些环节之间的紧密衔接和协同作用是实现供应链高效运转的关键要素，各个环节之间的协同配合和合作共赢是供应链能够不断提升运营效率与降低成本的重要保障及支持。

再次，优化供应链的特征可以有效降低企业的物流成本和信息传递成本，提高生产和销售效率，增强企业的市场竞争力和盈利能力。通过优化供应链内部物流和信息流的传递速度和效率、优化各个环节之间的协同配合和协作模式、优化供应链的整体运营和管理策略，企业可以实现供应链内部各个环节的高效运转和协同作用，降低生产和销售成本，提高产品和服务的附加值和市场竞争力，提升企业的市场影响力和盈利能力。

最后，供应链作为数字经济生态系统中物流和信息流传递的关键路径，其优化和提升直接决定着企业的生产和销售效率以及市场竞争力。通过不断优化供应链的特征和环节，企业可以实现物流和信息流的快速传递与共享，降低运营成本和管理成本，提高生产和销售效率，实现企业的持续发展和可持续增长。

二、生态系统的层级结构和功能分工分析

数字经济生态系统具有明确的层级结构和功能分工，各个层级之间密切联系、相互依存。从基础设施提供商到应用服务提供商，再到最终消费者，生态系统内部的层级结构和功能分工协同作用，构建了一个完整的产业生态圈。通过深入分析生态系统的层级结构和功能分工，可以更好地优化生态系统内部资源配置和协作模式，实现资源的优化利用和协同效应的最大化。

1. 数字经济生态系统的层级结构与协同效应

数字经济生态系统的层级结构是指生态系统内部各个组成部分之间的层次结构关系。这种层级结构一般呈现出从基础到高级、从底层到顶层的逐级分层结构。在数字经济生态系统中，层级结构的存在和构建旨在协调各参与主体之间的关系，使其能够协同作用、相互依存，从而实现整个生态系统的协同发展和共赢局面。

首先，在数字经济生态系统的层级结构中，基础设施提供商是处于顶层的组成部分。基础设施提供商通常是指提供数字经济基础设施支持的相关企业或机构，如云服务提供商、数据中心等。基础设施提供商的作用在于为整个生态系统提供基础的技术支持和资源保障，为其他参与主体的运行提供坚实的基础和保障。

其次，应用服务提供商是数字经济生态系统中层级结构的中间组成部分。应用服务提供商包括各类软件服务提供商、平台提供商以及应用开发者等。应用服务商的作用是将基础设施提供商提供的资源转化为具体的应用服务和产品，为生态系统内部的其他参与主体提供具体的技术服务和解决方案。

再次，最终消费者是数字经济生态系统中的最底层组成部分。最终消费者通常是指最终的产品使用者或服务受益者，他们是数字经济生态系统中价值的最终实现者。他们

的需求和反馈直接影响着整个生态系统的运行和发展，因此，了解最终消费者的需求和偏好对生态系统的持续发展至关重要。

通过深入分析数字经济生态系统的层级结构，可以更好地了解不同层级之间的关系和作用，促进各参与主体之间的协同作用和资源共享，从而实现整个生态系统的协同发展和共赢局面。这种协同效应不仅能够提升生态系统的整体效率和管理水平，还能够促进数字经济的持续创新和发展，为社会经济的可持续发展做出积极贡献。

2. 数字经济生态系统的内部功能分工与协同优化

首先，在数字经济生态系统中，基础设施提供商承担着重要的功能和责任。作为生态系统中的顶层参与者，基础设施提供商负责建立和维护数字经济基础设施，包括云计算基础设施、大数据存储和处理设施等。他们通过提供稳定可靠的基础设施支持，为应用服务提供商和最终消费者提供了稳定的技术支撑和资源保障，保障了整个生态系统的正常运行和发展。

其次，应用服务提供商在数字经济生态系统中发挥着重要的功能作用。应用服务提供商包括各类软件服务提供商、平台提供商以及应用开发者等。他们负责将基础设施提供商提供的技术资源转化为具体的应用服务和产品，为生态系统内部的其他参与主体提供具体的技术服务和解决方案。应用服务提供商的优化和协同配合直接影响着生态系统的协同效应和协作效率，对提高生态系统的整体效率和管理水平至关重要。

再次，最终消费者是数字经济生态系统中不可或缺的一部分。最终消费者通常是指最终的产品使用者或服务受益者，他们是数字经济生态系统中价值的最终实现者。最终消费者的需求和反馈直接影响着整个生态系统的运行和发展，因此，了解最终消费者的需求和偏好对生态系统的持续发展至关重要。通过对最终消费者的需求和反馈进行分析和整理，可以更好地调整和优化生态系统内部的功能分工和资源配置，提高产品和服务的质量和用户体验，实现资源的高效利用和协同效应的最大化。

最后，生态系统内部的功能分工和协同优化是保障数字经济生态系统持续发展的重要保障和基础支撑。通过深入分析生态系统内部的功能分工，可以更好地调整和优化各参与主体之间的协作模式和合作关系，实现资源的高效利用和协同效应的最大化，推动数字经济生态系统的协同发展和共赢局面。

3. 优化生态系统层级结构与功能分工的协同效应

首先，生态系统的层级结构设计需要考虑不同参与主体之间的关联和依存关系。在数字经济生态系统中，层级结构通常从基础设施提供商开始，然后是应用服务提供商，最后是最终消费者。这种从上到下的层级结构体系保证了生态系统内部资源的有序流动和合理配置，有效促进了各层级之间的协同作用和协作效率。

其次，生态系统内部的功能分工需要根据不同参与主体的特点和优势进行合理规划和协同配合。基础设施提供商需要专注提供稳定可靠的基础技术设施，应用服务提供商需要将基础设施转化为具体的应用服务和解决方案，而最终消费者则是生态系统中价值的最终实现者。通过明确各个层级的功能定位和责任分工，可以促进资源的高效利用和协同效应的最大化，提高生态系统的整体协同效率和运行效能。

再次，优化生态系统的层级结构和功能分工需要注重层级之间的协同配合和资源共享。各个层级之间存在着紧密的联系和相互依存关系，需要通过建立良好的合作机制和协作模式，实现资源的高效利用和共享，提高生态系统的整体运行效率和管理水平。通过加强层级之间的沟通和协调，可以进一步提升生态系统的整体协同效应，推动生态系统的协同发展和共赢局面。

最后，优化生态系统的层级结构和功能分工需要注重持续地创新和升级。随着数字经济的不断发展和演变，生态系统内部的层级结构和功能分工需要不断地进行调整和优化。通过引入新的技术和管理理念，不断完善和提升生态系统内部的协同效应和协作效率，可以推动生态系统的持续发展和升级，保持生态系统的竞争优势和市场地位。

第二节　创新和技术升级的管理

一、创新管理策略与实践

在数字经济生态系统管理和运营过程中，创新是推动生态系统持续发展和提升竞争力的关键驱动力。通过制定创新管理策略和实践，数字经济生态系统可以不断激发创新活力和提升创新能力，推动生态系统内部的技术升级和产业结构优化。创新管理策略包括但不限于技术投入、人才培养、科研合作和创新成果转化等方面，通过这些策略的有机组合和实施，可以提升生态系统的创新能力和竞争优势。

（一）技术投入的管理策略和实践

在数字经济生态系统管理和运营中，技术投入是推动生态系统持续创新和发展的重要手段之一。通过有效管理技术投入，生态系统可以实现科技资源的合理配置和利用，促进科技成果的转化和应用。

1.建立明确的技术投入目标和规划

首先，在建立明确的技术投入目标和规划之前，需要对数字经济生态系统的发展阶段进行全面的分析和评估。这包括对当前技术水平和应用程度的评估，对市场需求和用户需求的调研，以及对竞争格局和未来趋势的深入分析。通过对生态系统内外部环境的全面了解，可以明确生态系统所处的发展阶段，确定生态系统的技术发展方向和重点领域，为技术投入目标的制定提供科学依据。

其次，基于对生态系统发展阶段的分析结果，制定明确的技术投入目标是推动技术创新和生态系统发展的关键一步。技术投入目标应当与生态系统的战略规划和发展目标相一致，具有针对性和可操作性。可以制定技术研发目标、产品创新目标、技术应用推广目标等，为不同层面的技术投入提供明确的指引和目标导向，确保技术投入与生态系统的发展方向相一致，实现技术投入的有效性和成效。

再次，明确的技术投入目标需要有科学合理的技术投入规划作为支撑和保障。技术投入规划应当包括技术研发计划、投入预算、资源配置等方面的详细安排和指导，确保技术投入的科学性和有效性。可以建立技术研发项目管理制度，明确技术研发的时间节点、任务分工和进度安排；制定合理的投入预算，合理安排技术投入的资金来源和使用途径；优化资源配置，合理配置技术人员和设施设备，提高技术投入的效率和成效。通过制订科学的技术投入规划，可以有效保障技术投入的实施和执行，提高技术投入的成功率和效益。

最后，建立明确的技术投入目标和规划不是一次性的工作，需要持续监测和调整，根据生态系统的发展变化和市场需求的变化及时调整技术投入策略。可以建立定期评估和审查制度，定期对技术投入的目标和规划进行评估和检查，发现问题及时调整和改进；加强技术研发成果的评估和应用效果的评估，根据评估结果对技术投入策略进行调整和优化；加强对外部环境和竞争格局的监测，及时调整技术投入重点和方向，提高技术投入的针对性和有效性。通过制订持续监测和调整技术投入策略，可以保证技术投入的持续性和有效性，实现技术投入的最大化效益和产出。

2. 注重技术资源的整合和协同

首先，在数字经济生态系统管理中，建立跨部门、跨领域的合作机制是促进技术资源整合和协同创新的重要手段。可以建立技术资源共享平台，打破部门和领域之间的壁垒，实现技术资源的共享和交流。可以建立联合研发中心、联合实验室等合作机构，提高技术资源的整合效率和创新能力。此外，还可以建立联合研发项目，邀请不同部门和领域的科研人员共同参与，实现技术成果的交叉融合和应用创新，提高科技成果的转化效率和市场竞争力。

其次，技术资源的整合和协同需要有高素质的技术人才作为支撑和保障。可以建立技术人才交流平台，促进不同领域的技术人才交流与合作，提高技术人才的跨领域交叉融合能力。可以开展技术人才培训和学习活动，提高技术人才的综合素质和创新能力，培养具有跨学科背景和全球视野的高层次人才。此外，还可以加强高校和企业之间的合作，鼓励企业参与高校科研项目，提高科研成果的产业化转化效率和市场适应性。

再次，在数字经济生态系统管理中，建立开放的技术创新生态系统是促进技术资源整合和协同创新的关键环节。可以建立开放式创新平台，鼓励各方参与者共同参与到技术创新活动中来，实现技术成果的共享和开放式创新。可以建立技术成果交易市场，促进科技成果的流通和交易，推动科技成果的产业化和商业化应用。此外，还可以建立技术标准和规范体系，提高技术成果的标准化水平和市场竞争力，促进技术成果的交流和应用推广，实现技术资源的高效整合和利用。

最后，技术资源的整合和协同是一个持续不断的过程，需要不断完善和提升。可以加强对技术资源整合和协同机制的监测和评估，及时发现问题和不足，针对问题采取有效的措施和改进措施。可以加强对技术创新生态系统的管理和规范，营造公平竞争和有序发展的市场环境，促进技术资源的优化配置和高效利用，推动生态系统的持续创新和发展。通过建立持续完善技术资源整合和协同机制，可以提高生态系统的创新能力和竞争力，推动生态系统的可持续发展和健康成长。

3.制订科学合理的投入预算和资源分配计划

首先，制订科学合理地投入预算和资源分配计划首先需要全面了解生态系统的发展阶段和市场需求。根据生态系统的当前发展水平和市场需求状况，合理确定技术投入的规模和方向。在这个过程中，需要充分考虑技术投入对生态系统发展的促进作用，确保投入的科学性和针对性，避免资源的浪费和盲目投入。

其次，制订科学合理的投入预算和资源分配计划需要充分评估技术创新的需求和优先级。对不同阶段和领域的技术创新需求，需要根据其重要性和紧迫程度确定投入的优先级，确保投入的科学性和有效性。同时，需要考虑技术投入对生态系统创新能力和竞争力提升的影响，确保投入的合理性和可持续性。

再次，制订科学合理地投入预算和资源分配计划需要合理安排和调配科研经费和人才资源投入。在确定投入预算和资源分配计划的过程中，需要充分考虑科研经费和人才资源的需求和供给，合理安排科研项目的经费和人才配备，确保投入的科学性和有效性。同时，需要加强科研项目的管理和监督，确保科研经费和人才资源的合理利用和配置，推动技术投入的有效执行和实施。

最后，制订科学合理的投入预算和资源分配计划需要建立科学评估和监控机制，不断优化投入预算和资源分配计划。可以建立科学的评估指标体系，定期对投入预算和资源分配计划进行评估和监控，及时发现问题和不足，采取有效的措施和改进措施。可以加强对投入预算和资源分配计划执行情况的跟踪与监督，确保投入的科学性和有效性，推动技术投入的持续优化和改进。通过建立科学评估和监控机制，可以不断优化投入预算和资源分配计划，提高技术投入的科学性和针对性，推动生态系统的持续创新和发展。

（二）人才培养的策略和实践

在数字经济生态系统中，人才是推动创新和技术升级的重要驱动力。通过制定有效地人才培养策略和实践，生态系统可以不断培养和引进具有专业技术和创新意识的人才，促进人才的流动和交流，提高生态系统的人才储备和创新能力。人才培养的策略包括但不限于人才选拔、培训计划、人才激励等方面，通过这些策略的有机组合和实施，可以提升生态系统的人才质量和创新能力，保持生态系统的竞争优势和市场地位。

1.人才选拔策略

首先，在数字经济生态系统中，建立科学合理的人才选拔标准和流程是有效选拔人才的基础。这包括明确人才选拔的专业技能要求、学术背景标准以及创新能力和团队合作能力等方面的评估指标，确保人才选拔标准的科学性和针对性。同时，建立完善的人才选拔流程，包括人才甄别、考核评估、面试筛选等环节，确保人才选拔流程的透明性和公开性，提高人才选拔的公平性和公正性。

其次，人才选拔不仅要注重人才的专业技能和学术背景，还要关注人才的创新意识和团队协作能力。因此，建立全面的人才评估体系，综合考量人才的综合素质和能力。

可以通过多种评估手段，如笔试、面试、考核、综合评价等方式，全面了解人才的综合能力和潜力，确保人才选拔的全面性和科学性。

再次，为了增加人才库的广度和深度，需要拓宽人才招聘渠道，吸引更多高层次人才和优秀毕业生加入生态系统。可以通过建立人才交流平台、参与高校人才交流会议、举办人才招聘会等方式，吸引更多人才关注生态系统的发展和创新，提高人才招聘的针对性和有效性。

最后，为了提高人才选拔的公平性和公正性，需要建立灵活多样的选拔机制。可以通过举办人才选拔竞赛、开展人才推荐活动、采取外部招聘等方式，拓展人才选拔的渠道和方式，确保人才选拔的公平性和公正性。同时，建立健全的监督和评估机制，及时发现问题和不足，采取有效的措施和改进措施，提高人才选拔的科学性和针对性。

2. 人才培训计划

首先，制订全面系统地人才培训计划，因地制宜地针对生态系统的发展需求和人才成长阶段。针对生态系统的发展需求和人才成长阶段的差异，应该制订全面系统的人才培训计划。这包括根据不同层次和类型的人才需求，制定相应的培训方案和内容，确保培训计划的针对性和有效性。应该考虑到培训计划的长期性和持续性，为人才的全面发展和成长提供有力的保障。

其次，在人才培训计划中，应该注重开展专业技术培训，提升人才的专业能力和技术水平。可以通过开设技术培训课程、举办专业研讨会、开展技术交流活动等方式，提高人才的专业素质和能力水平，提升其在生态系统中的核心竞争力和创新能力。

再次，为了培养人才的创新意识和创业精神，应该注重创新思维培养。可以通过开设创新教育课程、举办创新创业训练营、设立创新基金等方式，激发人才的创新潜能，增强其创新意识和创业能力，促进其在生态系统中的创新驱动作用和核心竞争力。

最后，建立健全的内部导师制度和外部专家指导机制，为人才提供个性化的指导和支持。为了确保人才培训计划的有效实施和成效发挥，应该建立健全的内部导师制度和外部专家指导机制，为人才提供个性化的指导和支持。可以通过安排内部导师为人才提供定期指导和交流，邀请外部专家进行定期指导和辅导等方式，提高人才培训的针对性和个性化程度，促进人才的全面成长和发展。

3. 人才激励机制

首先，制定灵活多样地激励政策，包括薪酬激励、职称评定、岗位晋升、项目奖励等方面的激励措施。在建立人才激励机制时，应该制定灵活多样的激励政策，包括薪酬激励、职称评定、岗位晋升、项目奖励等方面的激励措施。这些激励措施应该既能体现人才的贡献价值，又要符合生态系统的发展规律。可以根据人才的不同特点和需求，采取差异化的激励政策，激发人才的工作积极性和创新潜能，提高其工作满意度和归属感。

其次，建立公平公正的激励评价机制，确保激励政策的公开透明和执行公正。为了保证人才激励机制的有效实施和推行，应该建立公平公正的激励评价机制，确保激励政策的公开透明和执行公正。可以通过建立完善的评价指标体系、公开透明的评价标准和程序，确保激励政策的公正性和客观性，避免出现不公平竞争和内部腐败现象，提高人才激励政策的执行效果和社会认可度。

最后，注重激励政策的持续性和稳定性，为人才提供长期稳定的发展空间和成长平台。为了吸引和留住优秀人才，应该注重激励政策的持续性和稳定性，为人才提供长期稳定的发展空间和成长平台。可以通过建立长期稳定的激励机制、制定长期规划和发展计划，为人才提供持续稳定的职业发展机会和成长空间，激发其长期发展的动力和潜能，保障其在生态系统中的稳定地位和发展前景。

（三）科研合作与创新成果转化策略

在数字经济生态系统中，科研合作和创新成果转化是推动技术创新和产业升级的重要途径。通过建立科研合作机制和创新成果转化平台，生态系统可以促进科技资源的共享和交流，加快科研成果的转化和应用。科研合作与创新成果转化的策略包括但不限于技术交流、产学研合作、科研成果转化等方面，通过这些策略的有效实施，可以提高生态系统的科研水平和创新能力，推动生态系统的持续创新和发展。

1. 技术交流策略

首先，建立开放包容的技术交流平台，为不同科研机构和企业提供交流合作的机会和平台。为了促进科研合作和创新成果转化，需要建立开放包容的技术交流平台，为不同科研机构和企业提供交流合作的机会和平台。可以通过建立在线论坛、专业社交平台等形式的交流平台，为科研人员和技术专家搭建一个开放共享的交流平台，促进技术资源的共享和交流，激发创新活力和合作潜能。

其次，举办学术研讨会、专题讲座、技术交流会等形式的交流活动，搭建学术交流和经验分享的桥梁。为了促进技术交流和经验分享，可以定期举办学术研讨会、专题讲座、技术交流会等形式的交流活动，搭建起学术交流和经验分享的桥梁。通过邀请国内外知名专家学者和行业领军人物参与交流活动，提高交流活动的学术水平和专业质量，促进科研成果的共享和转化，推动科研成果的产业化和应用推广。

最后，加强与国际科研机构和学术组织的合作交流，引进国外先进技术和创新成果。为了拓展科研合作和创新成果转化的国际渠道，应该加强与国际科研机构和学术组织的合作交流，引进国外先进技术和创新成果。可以通过建立国际合作交流项目、设立联合研发中心等方式，拓展生态系统的国际科技合作渠道，促进国际科研成果的共享和转化，提升生态系统的国际影响力和竞争力。

2. 产学研合作策略

首先，建立产学研合作平台，促进产业界、学术界和科研机构之间的深度融合和合作创新。为了促进产学研合作，应该建立产学研合作平台，为产业界、学术界和科研机构之间的合作提供一个深度融合和合作创新的平台。可以通过建立联合研究院、产学研联盟等组织形式，促进产学研之间的交流合作和资源共享，推动科研成果的产业化转化和应用推广。

其次，建立产学研联合研究中心和联合实验室，共同开展前沿技术研究和关键技术攻关。为了加强产学研合作的科研力量和技术创新能力,应该建立产学研联合研究中心和联合实验室,共同开展前沿技术研究和关键技术攻关。可以通过建立联合科研团队、共享实验室等方式,加强产学研之间的技术交流和合作研究,解决行业关键技术难题,推动科研成果的产业化转化和市场应用。

最后,建立产学研合作基金和技术转移机构,为产学研合作提供资金支持和技术服务。为了促进产学研合作的深度发展,应该建立产学研合作基金和技术转移机构,为产学研合作提供资金支持和技术服务。可以通过设立产学研合作基金、科技创新基金等机构,为产学研合作项目提供资金支持和技术保障,推动科研成果的产业化应用和市场推广,促进产学研之间的良性互动和共赢发展。

3. 科研成果转化策略

首先,制定科学合理的科研成果转化政策和机制,鼓励科研人员和企业加大对科研成果的投入与转化力度。

为了促进科研成果的转化应用,应该制定科学合理的科研成果转化政策和机制,鼓励科研人员和企业加大对科研成果的投入和转化力度。可以通过设立科研成果转化基金、科技成果奖励等方式,鼓励科研人员和企业积极投入科研成果的转化应用,提高科研成果的市场竞争力和经济效益。

其次,建立科研成果转化评价体系,评估科研成果的市场应用价值和经济效益,确定科研成果的转化优先级和推广方向。为了科学评估科研成果的转化价值和市场潜力,应建立科研成果转化评价体系,对科研成果进行市场应用和经济效益评估。可以通过制定科研成果评估标准、市场调研分析等方式,确定科研成果的转化优先级和推广方向,指导科研成果的转化应用和市场推广。

再次,加强知识产权保护和技术成果转让管理,建立科研成果转化的法律保障和市场支持机制。为了保护科研成果的知识产权和促进技术成果的转让应用,应加强知识产权保护和技术成果转让管理,建立科研成果转化的法律保障和市场支持机制。可以通过完善知识产权保护制度、加强技术成果转让管理机构建设等方式,保障科研成果的转化利益和市场竞争优势,促进科研成果的产业化应用和经济效益的实现。

最后,推动产学研深度合作,促进科研成果转化和市场应用的深度融合。为了促进科研成果的产业化转化,应积极推动产学研深度合作,促进科研成果转化和市场应用的深度融合。可以通过建立产学研联合研究中心、产学研合作基地等方式,促进产学研之间的合作交流和科研成果的共享转化,推动科研成果的市场应用和产业化发展,实现科研成果和经济社会的双重效益。

第三节　生态系统参与者的合作与竞争

生态系统参与者的合作是推动生态系统共同发展和提升整体竞争力的重要保障。通过建立和优化合作机制，数字经济生态系统可以实现资源共享、优势互补和协同创新，提升生态系统内部的运行效率和协作效果。合作机制的建立包括但不限于合作伙伴选择、合作模式设计和合作成果共享等方面，通过这些机制的完善和落实，可以提升生态系统的合作效能和协同效应。

一、合作伙伴选择的重要性与方法

在建立和优化合作机制时，合作伙伴的选择是至关重要的。通过对合作伙伴的市场地位、技术实力、资源优势等方面进行综合评估，选择具有互补性和共同发展愿景的合作伙伴。可以采用市场调研、合作伙伴背景调查等方法，建立起合理的合作伙伴选择机制，确保合作伙伴的选择符合生态系统的长远发展需求。

（一）合作伙伴选择的重要性

选择合适的合作伙伴不仅能够带来资源互补和优势互补效应，还可以为生态系统的可持续发展奠定坚实基础。合作伙伴的选择关乎生态系统的发展方向和潜在发展空间，因此需要认真对待，从多个角度进行综合考量和评估。

首先，市场地位和影响力。在选择合作伙伴时，需要考虑其在相关领域的市场地位和影响力。合作伙伴应该具有良好的行业声誉和品牌形象，能够为生态系统带来更广阔的市场空间和合作机会。

其次，技术实力和创新能力。合作伙伴的技术实力和创新能力是选择的重要考量因素。优秀的合作伙伴应该具有先进的技术设备和专业的技术团队，能够为生态系统带来前沿的技术支持和创新驱动力。

再次，资源优势和互补性。合作伙伴的资源优势和互补性对生态系统的发展至关重要。合作伙伴的资源包括资金、人才、技术等方面，能够为生态系统提供多样化的支持和保障，实现资源的互补共享。

最后，合作愿景和长远规划。选择合作伙伴需要考虑其合作愿景和长远规划是否与生态系统的发展目标相一致。合作伙伴应该具有共同的发展理念和长远的合作规划，能够为生态系统的可持续发展提供长期稳定的支持和保障。

（二）市场地位评估与选择方法

通过市场调研和数据分析，了解潜在合作伙伴在行业中的地位、影响力和竞争力。可以通过市场份额、品牌知名度、市场口碑等指标来评估合作伙伴的市场地位，从而确定合作伙伴的潜在价值和合作意愿。

首先，评估合作伙伴的市场地位，首先需要考虑其在相关市场中的份额和增长趋势。了解合作伙伴在行业内的市场占有率和发展趋势，可以帮助确定其在市场竞争中的地位和优势。

其次，合作伙伴的品牌知名度和认可度也是评估其市场地位的重要指标。通过调查行业内的品牌声誉和用户口碑，了解合作伙伴在市场中的品牌影响力和认可程度，可以帮助确定其在市场中的竞争地位和优势。

最后，评估合作伙伴的市场地位还需要考虑其在市场竞争中的能力和战略规划。了解合作伙伴的市场竞争力和市场定位，分析其市场拓展策略和发展规划，可以帮助确定其在市场中的长期竞争优势和发展潜力。

（三）技术实力综合评估与筛选方法

通过对合作伙伴的技术研发能力、创新能力和技术应用水平进行综合评估，筛选出符合生态系统需求的优质合作伙伴。可以通过技术专利、研发投入、技术人才队伍等方面的评估来确定合作伙伴的技术实力，为生态系统的科技创新提供有力支持。

首先，评估合作伙伴的技术实力，一要考虑其技术专利和知识产权的数量和质量。二要了解合作伙伴在相关领域内的专利布局和技术创新成果，可以帮助确定其在技术研发领域的实力和竞争优势。

其次，合作伙伴的研发投入和科研成果是评估其技术实力的重要指标。通过了解合作伙伴在技术研发方面的投入和成果产出，可以评估其在技术创新和应用方面的实力和潜力。

再次，评估合作伙伴的技术实力需要考虑其技术人才队伍和团队实力。了解合作伙伴的技术人才结构和团队组织，分析其人才储备和团队协作能力，可以帮助确定其在技术研发和创新方面的实力和潜力。

最后，考虑合作伙伴的技术应用和市场表现是评估其技术实力的重要方面。了解合作伙伴在技术应用和市场推广方面的表现，分析其技术产品的市场认可度和用户口碑，可以帮助确定其在市场竞争中的技术实力和优势地位。

（四）资源优势考量与挑选方法

通过评估合作伙伴的资源储备、供应链管理能力和服务能力，选择能够为生态系统提供丰富资源支持的合作伙伴。可以通过资源调研、供应链分析和合作伙伴背景调查等方式，评估合作伙伴的资源优势，确保合作伙伴的资源能够满足生态系统的需求和发展要求。

首先，评估合作伙伴的资源优势，一要考虑其资源储备和产能能力。二要了解合作伙伴的资源储备情况，包括原材料、设备和人力等方面的资源储备情况，可以帮助确定其在生产和供应方面的资源优势和竞争能力。

其次，合作伙伴的供应链管理和整合能力是评估其资源优势的重要指标之一。通过了解合作伙伴的供应链管理体系和资源整合能力，可以评估其在供应链协同和资源优化方面的实力和潜力。

再次，考虑合作伙伴的服务能力和客户支持是评估其资源优势的关键方面。了解合作伙伴的服务体系和客户支持能力，分析其在服务质量和客户满意度方面的表现，可以帮助确定其在市场竞争中的资源优势和市场地位。

二、合作模式设计的灵活性与可持续性

在合作模式的设计中，灵活性和可持续性是关键考量因素。根据生态系统的发展阶

段和合作需求，设计灵活多样的合作模式，包括资源共享、风险分担、利益共享等方面。可以通过建立合作协议、明确合作责任分工等方式，确保合作模式的灵活性和可持续性，促进生态系统内部合作关系的持续稳定发展。

（一）灵活性的合作模式设计

在生态系统合作模式设计中，灵活性是确保合作关系持续发展的关键要素之一。通过制定灵活多样的合作模式，如开放式合作、战略联盟、跨界合作等，满足不同参与者的合作需求和发展目标。可以通过协商合作条款、灵活调整合作方式等方式，促进合作模式的灵活性，提高合作关系的应变能力和适应性。

1. 开放式合作模式

开放式合作模式是一种基于共享和协作的合作模式，通过开放共享资源和信息，实现多方共赢和合作共赢。在这种模式下，参与者可以自由共享资源和知识，共同开展创新研发和项目合作，促进技术交流和成果共享，实现合作关系的深度融合和持续发展。

首先，建立开放共享的合作平台是开放式合作模式的基础。通过建立在线平台或共享空间，提供资源共享和信息交流的渠道，吸引更多参与者共同参与合作项目和创新活动，促进资源共享和知识共享，实现合作关系的开放和共享化。

其次，促进多方合作和协同创新是开放式合作模式的核心内容。通过组建多方合作团队或联合研发机构，开展跨部门、跨领域的合作研究和创新项目，实现资源优势互补和技术优势共享，促进创新成果的共同开发和应用推广。

再次，加强交流沟通和成果共享机制是开放式合作模式的关键环节。通过定期举办交流会议和技术沙龙活动，加强参与者之间的交流和沟通，分享项目进展和创新成果，促进合作关系的互信和互动，实现合作成果的共享和共赢。

最后，建立开放式创新生态系统是开放式合作模式的终极目标。通过与行业协会、高校研究院所和科研机构建立合作伙伴关系，拓展合作网络和合作范围，打造开放包容的创新生态系统，促进资源整合和创新共赢，实现生态系统的可持续发展和持续创新。

2. 战略联盟合作模式

首先，确立共同的发展目标和规划是战略联盟合作模式的基础。通过双方协商和沟通，明确共同的发展愿景和目标定位，制定长远发展规划和合作方案，建立战略联盟关系的共同基础，为合作关系的深度发展奠定坚实基础。

其次，整合资源优势和合作资源是战略联盟合作模式的核心内容。通过整合双方资源和优势，共同开展市场调研和产品研发，优化资源配置和利用效率，实现资源互补和优势互补，提高合作关系的市场竞争力和行业地位。

再次，开展市场拓展和产品创新是战略联盟合作模式的重要内容。通过共同开发新产品和新市场，不断完善产品线和市场布局，满足消费者多样化需求和市场竞争要求，实现双方在市场拓展和产品创新方面的优势互补和合作共赢。

最后，加强风险管理和长期合作机制是战略联盟合作模式的关键环节。通过建立风险评估机制和风险分担机制，确保合作关系的稳定和可持续发展，建立长期稳定的合作机制和合作规则，促进战略联盟关系的长期持续发展和共同成长。

3. 跨界合作模式

首先，确定跨界合作的核心目标和意义是跨界合作模式成功开展的关键。通过明确跨界合作的战略意义和发展价值，探索不同行业和领域间的合作潜力和创新机会，为跨界合作关系的深入发展提供明确的战略定位和发展方向。

其次，建立跨界合作的协同创新平台和机制是跨界合作模式有效推进的重要保障。通过构建多元化的合作平台和协同创新机制，打破行业壁垒和"信息孤岛"，促进跨界资源的共享和交流，实现不同行业和领域之间的资源整合和创新协同，推动合作关系的深度融合和长期发展。

再次，加强跨界合作的项目管理和执行能力是跨界合作模式顺利进行的重要支撑。通过建立科学合理的项目管理机制和执行流程，明确合作任务和责任分工，加强沟通协调和信息共享，实现跨界合作项目的高效推进和成果落地，保障合作关系的顺利运行和持续发展。

最后，构建跨界合作的长期合作机制和伙伴关系是跨界合作模式持续发展的关键保障。通过建立长期稳定的合作伙伴关系和合作规则，加强信任建设和利益协调，推动跨界合作关系的深度融合和持久发展，实现多方共赢和合作共生。

（二）可持续性的合作模式设计

通过建立长期稳定的合作伙伴关系、共同制订发展目标和规划，确保合作关系的长期可持续发展。可以通过共同制定合作规则、明确合作利益分配机制等方式，促进合作模式的可持续性，增强合作关系的稳定性和可持续性。

1. 建立长期稳定的合作伙伴关系

通过建立信任和共赢的合作伙伴关系，加强双方之间的沟通和协调，建立合作共识和发展共识，确保合作关系的稳定性和持续性。在这种模式下，合作伙伴可以共同制订发展目标和规划，共享资源和信息，实现合作关系的深度融合和共同发展。

首先，建立互信机制和诚信文化是长期稳定合作伙伴关系的重要基础。通过建立诚信合作的价值观和文化氛围，强调诚信为本、信守承诺的合作原则，建立诚信合作的制度机制和监督管理体系，确保合作关系的诚信可靠和稳固持久。

其次，加强沟通协调和信息共享机制是长期稳定合作伙伴关系的有效手段。通过建立定期沟通会议和信息交流平台，及时分享项目进展和合作需求，加强合作双方的理解和信任，促进合作关系的深度交流和共同成长。

再次，建立共识制定和目标规划机制是长期稳定合作伙伴关系的关键保障。通过共同制订合作目标和发展规划，明确双方合作的长远发展方向和目标要求，加大合作规划的协调和执行力度，实现合作关系的规范化管理和持续发展。

最后，实现资源共享和共同成长的合作机制是长期稳定合作伙伴关系的重要内容。通过建立资源共享的机制和合作机制，实现双方资源优势的互补和共同利用，促进双方在项目实施和技术创新方面的共同成长和共赢发展，推动合作关系的良性循环和可持续发展。

2. 共同制定合作规则和机制

共同制定合作规则和机制是保障合作模式可持续性的重要措施。通过明确合作责任和义务，建立合作协议和合作条款，规范合作行为和合作规则，确保合作关系的公平公正和顺利进行。在这种模式下，合作伙伴可以共同制定合作流程和工作机制，明确工作职责和合作目标，实现合作关系的有序推进和稳定发展。

首先，在共同制定合作规则和机制时，明确合作责任和义务是确保合作关系顺利进行的基础。通过明确双方的合作职责和责任分工，制定合作目标和时间节点，明确双方在合作项目中的权利和义务，建立责任追究和考核机制，确保合作关系的平等互利和顺利推进。

其次，建立合作协议和合作条款是共同制定合作规则和机制的重要保障。通过协商确定合作协议的内容和范围，明确合作条款和合作方式，约定合作双方的权利和义务，规范合作过程和合作结果，确保合作关系的合法性和合规性，防范合作中的风险和纠纷。

再次，规范合作行为和合作规则是共同制定合作规则和机制的关键环节。通过明确合作行为的准则和规范，建立合作规则的制度和标准，规范合作双方的行为举止和工作方式，建立合作流程和工作纪律，确保合作关系的文明和和谐进行，促进合作关系的稳定和持续发展。

最后，制定责任追究和考核机制是共同制定合作规则和机制的重要保障措施。通过建立合作项目的绩效评估和考核标准，明确合作结果的评价和考核方式，建立责任追究和问责机制，对合作过程中的不当行为和不良结果进行及时纠正和处理，促进合作关系的健康和可持续发展。

3. 明确合作利益分配机制和激励机制

明确合作利益分配机制和激励机制是提升合作模式可持续性的重要手段。通过合理分配合作成果和利益，激励合作伙伴的积极性和创新力，实现合作关系的共赢和共同发展。在这种模式下，合作伙伴可以共同制定利益分配方案和激励政策，建立奖惩机制和激励机制，提高合作关系的稳定性和可持续发展性。

首先，在明确合作利益分配机制和激励机制时，制定合作利益分配方案是确保合作关系公平公正的基础。通过协商确定合作成果和利益的归属比例与分配方式，明确合作双方在利益分配中的权利和义务，建立合作成果评价和利益分配标准，确保合作关系的互惠互利和共同发展。

其次，建立激励政策和奖惩机制是明确合作利益分配机制和激励机制的重要手段。通过设立激励政策和奖惩机制，激励合作伙伴在合作过程中的积极性和创新能力，提高合作成果的质量和效率，建立合作绩效评估和奖励机制，促进合作关系的稳定和持续发展。

再次，确保利益分配公平公正是明确合作利益分配机制和激励机制的关键保障。通过建立利益分配的透明化和公开化机制，明确利益分配的标准和流程，建立利益分配的监督和检查机制，防止利益分配中的不公平和不合理现象，维护合作关系的稳定和健康发展。

最后，优化激励机制和持续改进是明确合作利益分配机制和激励机制的持续动力。通过不断优化激励政策和奖惩机制，提高激励措施的灵活性和有效性，根据合作过程中的实际情况和反馈意见，持续改进利益分配方案和激励机制，提升合作关系的可持续发展能力和竞争力。

（三）合作成果共享的公平性与激励机制

在合作成果共享方面，公平性和激励机制是保障合作关系稳固的重要保障。建立公正合理的合作成果共享机制，充分考虑各方合作贡献和风险承担，确保合作成果的公平分配和利益共享。可以通过建立激励机制、设立合作成果评价标准等方式，激励生态系统内部合作参与者的积极性和创新动力，促进合作关系的长期稳定发展。

1.公平性的合作成果共享

在生态系统的合作成果共享中，公平性是确保合作关系稳固发展的基础。通过建立公正合理的合作成果评估机制和分配标准，考虑各方在合作过程中的贡献和风险承担，实现合作成果的公平分配和利益共享。可以通过制定合作成果评估指标、明确合作成果分配原则等方式，确保合作关系的公平性，提高合作参与者的满意度和参与度。

首先，在合作成果共享过程中，建立公正合理的评估机制是确保合作关系公平性的基础。通过制定合作成果评估指标和评估流程，全面考量合作过程中各方的贡献和努力，确定合作成果的质量和效益，为合作成果的公平分配提供客观依据和参考标准。

其次，在评估合作成果的公平性时，需要充分考虑各方在合作过程中的实际贡献和风险承担情况。根据合作参与者的不同角色和责任，评估各方在项目推进、资源投入、风险承担等方面的贡献情况，确保合作成果的分配公平合理，激励各方更多地投入合作活动，提升合作关系的稳定性和持续发展性。

再次，明确合作成果分配原则和流程是确保合作成果共享公平性的关键步骤。通过制定明确的成果分配原则和流程，包括利益分配比例、权责分工、成果归属等方面的规定，明确各方在合作成果共享中的权利和义务，防止合作过程中的利益分配不公和争议产生，维护合作关系的稳定性和和谐发展。

最后，持续监督和改进成果共享机制是确保合作成果共享公平性持续有效的重要保障。通过建立监督机制和反馈机制，定期评估成果共享机制的执行情况和效果，收集各方的意见和建议，持续改进合作成果共享机制，提高合作关系的稳定性和持续发展能力。

2.激励机制的合作成果共享

合作成果共享的激励机制是促进合作关系持续发展的重要推动力。通过建立激励机制，激发合作参与者的创新活力和积极性，提高合作成果的质量和效率。可以采用奖励制度、提供专业培训、设立优秀团队评选等方式，激励合作参与者在合作过程中发挥积极作用，促进合作关系的持续稳定发展。

首先，建立奖励制度是激励合作参与者积极参与合作活动的重要方式。通过设立合作成果奖励机制，包括成果贡献奖、专利创新奖、科研成果奖等多样化奖励方式，激励合作参与者在合作过程中充分发挥自身优势和创新能力，提高合作成果的质量和效益，促进合作关系的持续稳定发展。

其次，提供专业培训是激励合作参与者持续提升能力和水平的重要途径。通过开展专业技能培训、创新管理培训、团队协作培训等多样化培训项目，帮助合作参与者提升专业素养和团队协作能力，增强合作过程中的协同效应和创新效率，提高合作关系的稳定性和持续发展能力。

再次，设立优秀团队评选是激励合作参与者积极投身合作活动的有效方式。通过评选优秀团队和表彰优秀合作案例，激发合作参与者的合作热情和积极性，树立典型榜样和激励对象，激励更多的合作参与者积极投入合作过程中，提升合作关系的质量和效率，实现合作关系的持续稳定发展。

最后，持续优化激励机制是提升合作关系持续发展效能的关键举措。通过定期评估激励机制的执行效果和合作关系的发展情况，收集各方的意见和建议，不断改进和完善激励机制，提高合作参与者的满意度和参与度，推动合作关系的持续稳定发展。

3. 合作关系维护的实践策略

维护合作关系的实践策略是保障合作关系稳定持续发展的重要手段。通过定期评估合作关系的效果和成效，及时调整和优化合作成果共享机制，提高合作关系的稳定性和持续性。可以通过建立合作评估机制、定期开展合作关系评估和调研等方式，维护合作关系的稳定性和持续发展。

首先，建立合作评估机制是维护合作关系稳定性的重要基础。通过明确合作评估指标和评估周期，对合作关系的运行效果和合作成果进行全面评估，了解合作关系存在的问题和改进空间，可以为优化合作关系提供有效依据和支持，提高合作关系的持续稳定发展能力。

其次，定期开展合作关系评估和调研是维护合作关系稳定性的重要途径。通过定期调研合作参与者的需求和期待，了解合作过程中存在的问题和挑战，收集合作改进建议和意见，为调整合作策略和优化合作方案提供参考，提高合作关系的持续发展质量和效率。

再次，及时调整和优化合作成果共享机制是维护合作关系稳定性的重要措施。通过合作成果评估和共享机制调整，平衡各方合作收益和利益分配，提高合作参与者的满意度和参与度，增进合作信任和合作意愿，促进合作关系的深度融合和持续发展，确保合作关系的长期稳定性和良好运行。

最后，建立合作沟通机制是维护合作关系稳定性的关键保障。通过建立定期沟通会议、信息共享平台和问题解决机制，加强合作参与者之间的沟通和交流，及时解决合作过程中的问题，促进合作者之间的有效沟通，提高合作关系的稳定性和持续发展能力。

第七章　数字经济生态系统的创新发展途径

第一节　创新驱动型模式的概述

一、创新驱动型模式的特点

创新驱动型模式作为一种以创新为核心驱动力的发展模式，具有以下重要特点。

（一）持续创新引领

创新驱动型模式具有持续不断地引领和推动科技进步和产业发展的特点。它强调不断地创新是推动经济增长和社会进步的关键要素。通过持续地技术创新和科学研究，该模式不仅能够推动产业的发展，还能够为社会带来更多的经济和社会效益。

1.技术进步推动经济发展

首先，创新驱动型模式持续不断地推动技术的进步和应用，引领着产业结构的升级和优化。通过不断引入新技术、新产品和新服务，推动传统产业向高附加值领域转型，提高整体产业的竞争力和效率。这种产业结构的升级和优化为经济的持续增长提供了坚实基础与动力。

其次，创新驱动型模式的推动激发了创新创业的活力，促进了更多的企业和个人投身于创新创业领域。这种活力的释放带来了更多的市场活力和竞争活力，推动了市场的不断扩大和经济的持续增长。另外，创新创业的活力也为经济的可持续发展提供了源源不断的动力和支撑。

再次，创新驱动型模式通过技术的不断创新和应用，提高了生产的效率和质量。新技术的应用使得生产过程更加智能化和自动化，提高了生产效率和生产效益。同时，技术的应用提升了产品的质量和竞争力，为企业的持续发展和壮大提供了有力支撑和保障。

最后，创新驱动型模式的推动拓展了市场的边界和发展空间，促进了企业的国际化和全球化发展。通过技术创新和产品升级，企业不断开拓新的市场和客户群体，拓展了产品的市场边界和销售空间，为企业的持续发展提供了广阔的发展空间和机遇。

2.科学研究助力社会进步

首先，创新驱动型模式通过科学研究和技术创新，不断提升医疗水平和服务质量。新的医疗技术和医疗设备的应用使得医疗诊断更加准确与及时，治疗更加精准和有效。这种提升为人们的身体健康和生命安全提供了更可靠的保障与支持。

其次，创新驱动型模式通过科学研究和技术应用，优化了教育方式和教学效果。新的教育技术和教学手段使得教育更加智能化和个性化，学习更加高效和便捷。这种优化为人们的学习和教育带来了更多的可能性和机遇，促进了人才的培养和社会的文明进步。

再次，创新驱动型模式通过科学研究和技术创新，促进了环境保护和资源可持续利用。新的环保技术和资源利用方式使得环境污染得到有效控制，资源利用得到更充分地保障。这种促进为人们的生态环境和资源利用提供了更可持续地保护与支持。

最后，创新驱动型模式通过科学研究和技术应用，提高了社会服务的水平和效率。新的社会服务模式和服务手段使得社会服务更加精准和便捷，服务效率更高和服务质量更优。这种提高为人们的生活和社会服务提供了更便利与高效的支持及保障。

3. 全球竞争中的领先地位

首先，持续地技术创新使得企业能够不断提升产品的质量和技术含量，从而赢得消费者的信赖和认可。具有领先技术的产品可以满足消费者日益增长的需求和期待，从而在全球市场中获得更大的竞争优势和市场份额。

其次，通过不断对产品进行升级和改良，企业能够跟上市场的变化和消费者的需求，提高产品的市场竞争力和影响力。具有领先产品的企业能够在全球市场中树立良好的品牌形象和声誉，从而赢得更多消费者的青睐和选择。

再次，持续地创新驱动使得企业能够在产业发展中处于领先地位，抢占先机和制定行业标准。具有领先创新能力的企业能够引领产业发展的方向和趋势，推动整个行业的升级和发展，从而在全球范围内占据更为重要的地位和话语权。

最后，持续地创新带来的竞争优势使得企业能够在全球市场中提高自身的占有率和影响力。具有领先地位的企业能够拓展更广阔的市场空间和商业机会，实现全球化布局和战略部署，从而在全球竞争中保持持续的优势和领先地位。

（二）科技创新优先

创新驱动型模式注重技术创新，将科技成果的转化和应用作为关键策略之一。它鼓励科研机构和企业加大对科研成果的投入与转化力度，推动科技成果向市场转化，从而促进产业的升级和结构优化。这种模式的重点是将科技成果转化为生产力，推动经济发展和社会进步。

1. 科研成果转化为生产力

首先，创新驱动型模式通过鼓励科研机构和企业将科学研究成果商业化，将研究成果转化为具有市场竞争力的产品和服务。这种转化可以带来更多的经济效益和商业利润，促进产业的发展和经济的增长。

其次，该模式强调将科技成果应用于实际的产业生产中，推动科技成果在各个产业领域的应用和推广。通过将科技成果与产业需求相结合，可以实现科技成果的最大化价值，提高产业的效率和竞争力。

再次，创新驱动型模式促进科技创新的市场化推广，通过将科技创新成果推向市场，满足消费者的需求和期待。这种市场化推广可以带来更多的商业机会和发展空间，促进产业结构的优化和调整，实现经济效益的最大化。

最后，通过科研成果的转化，可以实现科研投入的经济效益最大化。将科研成果转化为生产力不仅可以带来更多的经济效益和商业利润，还可以促进产业的创新和发展，推动经济的持续增长和可持续发展。

2. 推动产业升级和结构优化

首先，创新驱动型模式通过持续的技术创新，引领产业向高端制造业和高新技术产业升级。这种模式推动企业不断更新技术设备和生产工艺，提高产品质量和生产效率，从而推动整个产业的升级和发展。

其次，该模式注重根据市场需求调整产业结构，鼓励企业加大对市场需求的研究和分析力度，调整产品结构和服务模式，满足市场多样化和个性化需求。这种根据市场需求进行的结构优化可以提高产业的竞争力和适应性，推动产业结构的优化和升级。

再次，创新驱动型模式通过引入绿色和可持续发展理念，推动产业向绿色产业和低碳经济转型。通过提倡节能减排和资源循环利用，促进企业采用清洁生产技术和绿色产品制造，实现产业的绿色化和可持续发展。

最后，该模式鼓励企业利用智能化技术推动产业智能化升级，提高生产管理的智能化水平，提升产品智能化水平，推动产业向智能制造转型。这种智能化升级可以提高产业的生产效率和管理水平，推动产业的智能化和数字化发展。

3. 促进社会经济发展和进步

首先，科技创新优先的模式通过将科技成果应用于生产实践中，可以提高社会的生产力水平。新技术的引入和应用可以提高生产效率与产品质量，推动社会经济的快速发展，为社会经济的全面提升奠定基础。

其次，创新驱动型模式的发展能够带来更多的就业机会，促进就业市场的稳定和健康发展。新兴产业和新技术的发展需要更多的专业人才参与，从而创造更多的就业岗位，为社会各界提供更多的就业机会，促进社会经济的良性循环。

再次，科技创新优先的模式不仅可以提高社会的生产力水平，也能够提高人民的生活水平。新技术的应用能够带来更多的高品质产品和服务，提高人们的生活质量和幸福感，推动社会经济水平的全面提升和进步。

最后，创新驱动型模式的发展可以推动社会的文明进步。科技创新的推动能够带来更多的科技成果和文明成就，丰富社会的文化内涵和科技含量，推动社会的全面进步和发展，提升社会的整体文明水平和社会文明程度。

（三）产业升级驱动

创新驱动型模式通过不断推动产业的升级和发展，实现产业竞争力的提升。它注重推动产业的结构调整和优化，鼓励企业加大技术研发投入力度，推动传统产业向高端制造业和高新技术产业转型升级。这种模式能够带动整个产业的发展，提升产业的国际竞争力和市场占有率，从而实现经济的转型升级和可持续发展。

1. 结构调整和优化

首先，创新驱动型模式通过鼓励企业加大技术研发投入和推动科技成果的应用，可以帮助传统产业实现向高端制造业和高新技术产业的转型升级。这种结构调整和优化可以帮助产业更好地适应市场需求和技术发展的要求，提高产业的整体竞争力和市场占有率。

其次，结构调整和优化可以提升产业的生产效率和生产力水平。通过引入新的生产工艺和技术，优化生产流程，提高生产效率和产品质量，可以有效提高企业的生产效率，降低生产成本，提高产业的整体盈利能力。

再次，结构调整和优化可以促进产业的可持续发展。通过将科技成果应用于实际生产中，可以提高资源利用效率，降低能耗和排放，减少环境污染，推动产业的绿色化和可持续发展，实现经济效益和环境效益的双赢局面。

最后，结构调整和优化是推动产业长期发展的重要手段。通过不断优化产业结构，提高产业的技术含量和附加值，推动产业的升级和转型，可以帮助产业在激烈的市场竞争中保持持续竞争优势，实现产业的长期稳定发展和健康发展。

2. 技术创新和提升

首先，产业升级驱动模式通过持续不断地技术创新和研发，可以帮助传统产业向技术密集型产业转型。这种转型可以带来更多的高新技术应用和产品创新，提高产业的附加值和竞争力，实现产业链的升级和发展。

其次，技术创新和提升可以帮助企业提高产品和服务的附加值，提升产品的质量和功能，满足消费者日益增长的多样化需求。通过不断提升产品的技术含量和科技含量，可以提高产品的市场竞争力，增加企业的市场份额和利润空间。

再次，技术创新和提升可以带动整个产业链的发展和升级。通过将科技创新应用于产业链的各个环节，可以促进产业链的协同发展和优化升级，提高产业的整体效率和运行水平，推动产业的全面发展和壮大。

最后，技术创新和提升是推动产业全面升级和发展的关键驱动力。通过不断加大技术研发投入和创新力度，可以帮助企业实现技术的突破和创新，推动产业的结构优化和产业链的完善，实现产业的全面升级和发展。

3. 提升国际竞争力和市场占有率

首先，产业升级驱动模式通过不断地技术升级和产品优化，可以提高产品的品质和性能，使产品在国际市场上具备更强的竞争力和吸引力。高品质的产品不仅能够满足消费者对产品品质的需求，还能够树立企业的良好形象和信誉。

其次，产业升级驱动模式注重品牌建设和市场营销，通过加大品牌宣传和推广力度，可以提升企业品牌的知名度和美誉度。知名品牌的影响力和号召力能够吸引更多消费者选择企业的产品和服务，进而提升企业在国际市场上的市场占有率。

最后，产业升级驱动模式可以通过优化市场营销策略和渠道布局，提高产品的市场竞争力和销售能力。通过建立全球化的销售网络和服务体系，可以更好地满足国际市场的需求和消费者的多样化需求，拓展企业的市场份额和市场占有率。

二、创新驱动型模式的优势

（一）促进经济持续增长

该模式不断推动新技术、新产品和新服务的推出，刺激了市场的消费需求，从而推动经济持续增长。

1.推动产业升级和结构优化

首先，创新驱动型模式通过不断推动技术创新，带动产业结构的优化和升级。这种持续地技术创新不仅提升了产业的技术水平，还促进了产业结构的调整和优化，使得产业能够更好地适应市场需求和发展趋势。

其次，创新驱动型模式注重市场需求和消费者需求的导向作用，通过不断研发适应市场需求的产品和服务，推动产业结构向消费需求更加倾斜，促进产业转型和升级，进而促进经济的持续增长。

2.促进科技进步和成果转化

首先，创新驱动型模式强调科技成果的转化和应用，通过将科技成果应用于实际生产中，可以提高生产效率和产品质量，推动产业的持续发展和经济的持续增长。

其次，创新驱动型模式通过加强产学研深度融合，促进了科技成果的转化和创新发展。这种深度融合为科技创新提供了更多的资源支持和合作机会，推动了科技的持续进步和经济的持续增长。

（二）提高社会福利水平

创新驱动型模式的发展不仅提高了产业的发展水平，也改善了人们的生活质量，推动社会的文明进步和可持续发展。

1.提升就业机会和收入水平

首先，创新驱动型模式的发展在数字经济生态系统中为社会提供了更多的就业机会。随着数字经济的快速发展，对科技、互联网、数据分析等领域的人才需求不断增长。不仅需要技术人才来支撑数字经济的基础设施和技术研发，还需要具备创新思维和跨学科能力的人才来推动数字经济的应用与拓展。因此，创新驱动型模式的发展为社会提供了更加广泛和多样化的就业机会，为人们提供了更多发展和成长的空间。

其次，创新驱动型模式的发展提升了高端人才的需求。随着技术的不断升级和产业结构的优化，对掌握先进技术和具备创新能力的高端人才的需求越发迫切。数字经济生态系统中，对具备专业技能和行业洞察力的人才需求日益增长，企业和机构纷纷加大对高端人才的吸引和培养力度，以推动企业创新发展和技术升级。因此，创新驱动型模式的发展不仅提升了社会的整体人才水平，还推动了高端人才的需求和培养。

再次，创新驱动型模式的发展促进了社会的就业稳定和人力资源结构的优化。随着数字经济生态系统的不断完善和发展，社会就业结构逐渐优化，各行各业的人才需求更加多元化和专业化。创新驱动型模式的发展带动了新兴产业和新型职业的涌现，为社会提供了更加稳定和多元化的就业渠道，促进了人力资源结构的优化和调整。这种稳定的就业结构和优化的人力资源配置为社会的可持续发展提供了坚实的基础。

最后，创新驱动型模式的发展提高了人们的收入水平和生活质量。随着就业机会的增加和人力资源结构的优化，社会的整体收入水平得到了提升。创新驱动型模式的发展带动了更多的高薪就业岗位和创业机会，提高了人们的收入水平和经济状况。同时，这种创新驱动型模式促进了社会的经济发展和财富积累，为人们提供了更多的消费选择和生活保障，提升了整体的生活质量和幸福感。

2. 推动社会文明进步和可持续发展

首先，创新驱动型模式的推动有效提升了社会的生产力。通过技术创新和产业升级，社会的生产力得到了显著提升，生产效率和效益得到了有效提高。这种提升使得社会能够更高效地生产各类产品和服务，满足人们日益增长的物质和文化需求。同时，创新驱动型模式的推动促进了社会生产关系的优化和更新，推动了社会经济结构的不断升级和调整，为社会的可持续发展提供了坚实的物质基础。

其次，创新驱动型模式的推动促进了社会文明进步和精神文化的繁荣。随着科技创新和文化交流的不断深入，社会的文明程度和文化水平得到了有效提升。新兴科技和文化产业的蓬勃发展丰富了人们的精神生活，促进了社会思想观念的更新和升级。创新驱动型模式的推动也促进了人们对科学、艺术、人文等领域的深入探索和研究，推动了社会文明进步和精神文化的繁荣，丰富了人们的精神追求和提高了其文化自信。

再次，创新驱动型模式的推动加强了社会的环境保护和资源利用。随着生态文明建设理念的不断深入人心，创新驱动型模式注重绿色、低碳、可持续发展的理念得到了广泛传播和推广。另外，通过技术创新和产业升级，社会资源的利用效率得到了提高，环境保护意识和能力也得到了有效增强。创新驱动型模式的推动使得社会在追求经济发展的同时更加注重环境保护和资源的可持续利用，为社会的可持续发展奠定了坚实的基础。

最后，创新驱动型模式的推动促进了社会的全面发展和谐进步。通过技术创新和社会管理的不断完善，社会的经济、文化、生态等各个领域得到了全面协调发展。这种全面发展和谐进步使得社会更加稳定和繁荣，人们的生活质量和幸福感不断提升。创新驱动型模式的推动为社会的全面发展和谐进步提供了动力和保障，为实现社会现代化和全面建成小康社会奠定了坚实基础。

第二节　技术创新和研发投资

一、技术创新的重要性分析

（一）技术创新的驱动力

技术创新在数字经济生态系统中具有重要的驱动作用。它不仅可以推动企业的持续发展和竞争优势，还可以带动整个产业的升级和创新。通过不断引入新技术和新产品，企业能够不断提高生产效率和产品质量，满足消费者不断升级的需求，提升市场竞争力。

1. 技术创新推动企业发展

首先，技术创新在推动企业发展过程中发挥了重要的作用。通过引入自动化设备和智能制造等先进技术，企业可以实现生产方式的革新，提高生产效率和降低生产成本。自动化生产线可以减少人力投入，提高生产效率和质量稳定性，降低生产成本，增强企业的生产力和竞争力。智能制造技术可以提高生产过程的智能化水平，实现生产过程的智能监控和管理，优化生产流程，提高生产效率和灵活性。

其次，技术创新对产品设计和生产工艺的改善具有重要意义。企业通过不断引入先进的设计技术和生产工艺，可以提升产品的质量和功能，满足消费者对产品品质不断提升的需求。优化地产品设计和生产工艺可以提高产品的可靠性和稳定性，降低产品的故障率和维修成本，增强产品的市场竞争力和市场份额。通过技术创新，企业可以不断推出更加符合市场需求的新产品和服务，满足消费者多样化的需求，提高产品的市场占有率和影响力。

最后，技术创新可以帮助企业开拓新的市场空间和市场需求。通过不断引入创新技术和创新产品，企业可以开发出更具市场竞争力的新产品和服务，拓展企业的市场空间和市场份额。通过技术创新，企业可以实现产品的不断升级和更新换代，满足消费者不断变化的需求和偏好，提高企业的市场占有率和竞争地位。

2. 技术创新推动产业升级

首先，技术创新在推动产业升级过程中扮演着重要角色。通过引入先进的生产技术和管理技术，传统产业可以实现向技术密集型产业的转型升级。技术创新可以带动产业结构的优化和升级，提升产业附加值和竞争力，推动整个产业链条的升级和优化。通过技术创新，企业可以实现生产方式的革新和升级，提高产品质量和市场竞争力，推动产业向技术密集型产业转型升级。

其次，技术创新可以推动产业创新的发展。通过不断引入新技术、新产品和新模式，技术创新可以带动新兴产业的崛起和壮大，为产业发展注入新的活力和动力。技术创新可以推动产业内部的创新活动和创新链条的建设，促进产业创新能力的提升，推动产业向高端、智能化方向发展。通过技术创新，企业可以不断推出具有市场竞争力的新产品和服务，提高产品附加值和市场竞争力。

最后，技术创新可以提升产业附加值和市场附加值。通过不断引入先进技术和创新产品，企业可以提高产品的附加值和品牌溢价，增强产品的市场竞争力和市场占有率。技术创新可以帮助企业提升产品的附加值和品牌溢价，提高产品的市场竞争力和盈利能力。通过技术创新，企业可以促进产业的长期稳定发展和壮大，提高产业的可持续发展能力。

（二）技术创新的战略地位

技术创新在数字经济生态系统中具有核心的战略地位。它是实现数字化转型和智能化升级的重要手段，可以帮助企业建立起灵活、高效的运营模式，提高管理效率和资源利用率，推动企业向数字化、智能化转型发展。

1. 技术创新的驱动力

首先，技术创新可以帮助企业建立起独特的竞争优势，通过不断引入先进技术和创新产品，提升产品质量和服务水平，满足消费者个性化需求，从而在激烈的市场竞争中脱颖而出，实现企业的可持续发展和成长。

其次，技术创新是推动企业不断创新的重要驱动力之一，它可以激发企业的创新活力和创新能力，促进企业不断推出符合市场需求的新产品和服务，实现企业持续发展和创新发展，提高企业的市场占有率和品牌知名度。

最后，技术创新可以帮助企业实现数字化转型和智能化升级，推动企业业务模式的创新和改革，提高企业的管理效率和运营效益，提升企业的核心竞争力和市场影响力，促进企业的持续发展和壮大。

2. 技术创新的推动力量

首先，技术创新可以推动行业的变革和发展，带动行业向智能化、绿色化发展，推动传统产业向新兴产业转型升级，提高行业的创新能力和竞争力，推动整个行业的可持续发展和进步。

其次，技术创新可以促进社会经济的发展，带动就业增长和经济增长，推动社会经济结构的优化和升级，提高社会的生产力和竞争力，推动社会经济的稳定发展和全面进步，实现社会的可持续发展和繁荣。

最后，技术创新可以促进全球合作与交流，加强不同国家和地区之间的技术交流和合作，推动全球技术创新的共享和共赢，促进全球经济的繁荣和稳定，实现全球社会的可持续发展和共同繁荣。

二、研发投资对创新能力的提升效果评估

（一）研发投资的重要性

1. 提升企业技术竞争力

首先，研发投资的重要性体现在企业技术竞争力地提升。通过加大研发投入，企业能够持续引入先进的技术和创新产品，从而不断提高产品的质量水平和技术水平。这样的投入使得企业在市场上能够更好地应对激烈的竞争环境，增强企业的竞争力和市场地位。在数字经济时代，技术的变革日新月异，研发投资可以帮助企业紧跟技术潮流，持续保持在市场上的竞争优势。

其次，研发投资的重要意义在于帮助企业积累核心技术和知识产权。通过持续地研发投入，企业可以不断积累并掌握核心技术，建立起技术壁垒和专利布局，保护企业的知识产权。这些技术储备和知识产权的积累为企业构建起坚实的技术壁垒和品牌优势，提升企业在市场上的竞争地位和行业影响力。同时，这将有助于企业在技术领域的领先地位得以稳固和持续发展。

最后，研发投资的重要作用表现在提升企业的市场份额和行业地位。通过不断地研

发投入，企业能够推出更具竞争力的产品和服务，吸引更多消费者的关注和青睐，从而拓展企业在市场上的份额和影响力。这种持续地投入不仅可以提高产品的市场竞争力，还可以提升企业在行业中的地位和话语权，为企业未来的发展奠定良好的基础。

2. 推动产业结构升级

首先，研发投资可以帮助企业加快新产品的研发和市场应用，从而推动传统产业向新兴产业转型升级。随着科技的不断进步和社会的快速发展，产业结构需要不断地适应市场需求和技术发展的变化。通过持续地研发投资，企业可以不断推出具有市场竞争力的新产品，促进传统产业的更新换代，实现产业结构的优化和升级。

其次，研发投资可以帮助企业拓展新的市场空间和增长点。随着市场竞争的加剧和消费者需求的多样化，企业只有不断提升自身的产品创新能力和市场开拓能力，才能在激烈的市场竞争中脱颖而出。通过持续地研发投入，企业可以不断开发具有差异化竞争优势的新产品和服务，开拓新的市场空间和增长点，提高企业的盈利能力和可持续发展能力。

再次，研发投资可以促进企业产业结构的多元化和升级。随着经济全球化的深入发展，市场竞争日益激烈，企业只有不断拓展新的业务领域和产业链条，才能保持持续地发展和竞争优势。通过持续地研发投入，企业可以积极开展产业链的延伸和拓展，实现产业结构的多元化和升级，提高企业的市场占有率和竞争地位。

最后，研发投资还可以推动产业结构的智能化和绿色化升级。随着社会对智能化和绿色化的需求不断增长，企业只有不断提升技术水平和环保意识，才能实现产业结构的智能化和绿色化升级。通过持续地研发投入，企业可以引入智能化技术和绿色生产理念，优化产业结构，推动产业的可持续发展和绿色转型。

3. 促进科技成果转化

首先，研发投资促进了企业与科研机构之间的合作与交流。在科技创新过程中，科研机构承担着重要的研发和技术攻关任务，而企业则具有市场应用和产业化的优势。通过加大研发投入，企业可以与科研机构加强合作，共同攻关关键技术和项目，实现科技成果的共享和互利共赢，促进科技成果的转化和应用，推动科技创新和产业升级的良性循环。

其次，研发投资帮助企业拓展新的技术领域和市场领域。随着科技的不断进步和市场需求的多样化，企业只有不断拓展新的技术领域和市场领域，才能保持持续的创新能力和竞争优势。通过持续地研发投入，企业可以不断探索新的技术领域和市场领域，引入先进的技术和创新产品，拓展企业的产业链条和业务范围，提高企业的市场竞争力和创新能力。

再次，研发投资提升了企业的科技成果转化和商业化能力。科技成果的转化和商业化是科技创新的重要环节，是实现科技成果产业化的关键一步。通过加大研发投入，企业可以加快科技成果的产业化进程，推动科技成果的商业化转化，将科技成果转化为具有市场竞争力的新产品和服务，实现科技创新和产业升级的有机衔接。

最后，研发投资提高了企业的市场竞争力和创新能力。随着市场竞争的加剧和消费者需求的不断升级，企业只有不断提升自身的市场竞争力和创新能力，才能在激烈的市场竞争中立于不败之地。通过持续地研发投入，企业可以不断引入具有市场竞争力的新产品和服务，提高产品的科技含量和附加值，增强企业的市场竞争力和品牌影响力。

（二）研发投资对创新能力的提升效果

1. 加强创新型人才队伍建设

首先，研发投资能够吸引更多高端人才和专业人才参与科技研发与创新活动。在科技创新过程中，人才是企业实现科技创新和持续发展的核心要素。通过加大研发投入，企业可以提供更多的科研项目和创新平台，吸引更多高端人才和专业人才的参与，促进科技成果的转化和应用，提高企业的创新能力和竞争优势。

其次，研发投资可以加强企业内部创新文化和创新氛围的建设。创新文化和创新氛围是企业进行科技创新和技术研发的重要保障和基础支撑。通过加大研发投入，企业可以建立起积极向上的创新文化和创新氛围，鼓励员工敢于创新、乐于创新，激发员工的创新潜能和创新意识，推动企业的创新能力和竞争优势不断提升。

再次，研发投资可以提升企业创新型人才的培养和发展。创新型人才是企业实现科技创新和产业升级的重要支撑和基础保障。通过加大研发投入，企业可以加强对员工的培训和发展，提升员工的专业技能和创新能力，培养更多的高素质、高水平的创新型人才，为企业的科技创新和技术研发提供坚实的人才支持与智力保障。

最后，研发投资可以推动企业创新能力的不断提升和创新水平的持续提高。通过加强创新型人才队伍建设，企业可以不断提升自身的创新能力和竞争优势，推动企业在科技创新和产业发展中保持持续地创新动力与创新活力。

2. 推动技术成果的产业化应用

首先，研发投资可以促进技术成果的产业化转化。在科技研发过程中，技术成果的产业化应用是实现科技创新成果商业化的重要途径。通过加大研发投入，企业可以将科技成果转化为实际的生产力和市场产品，推动科技成果的产业化应用，促进科技创新和产业升级的良性循环，提高企业的市场竞争力和盈利能力。

其次，研发投资可以帮助企业加快技术成果的市场应用。技术成果的市场应用是企业实现科技成果价值最直接的途径。通过加大研发投入，企业可以将技术成果快速应用于市场，满足市场需求，提高产品和服务的竞争力和附加值，拓展企业的市场空间和增长点，推动企业持续发展和创新升级。

再次，研发投资可以促进企业技术成果的跨界融合。在科技创新过程中，技术成果的跨界融合可以带来更多的创新机遇和发展空间。通过加大研发投入，企业可以加强不同技术领域之间的交流与合作，促进技术成果的跨界融合和协同创新，培育更多具有市场竞争力的新产品和新服务，推动企业不断扩大市场份额和提升市场地位。

最后，研发投资可以提高企业的创新能力和市场竞争力。通过推动技术成果的产业化应用，企业可以不断提升自身的创新能力和创新水平，加强与市场的互动与合作，实现科技成果的市场价值最大化，提高企业的市场竞争力和盈利能力。

第三节　创业生态系统的培育

一、创业生态系统构建的重要性和步骤分析

（一）创业生态系统构建的重要性

创业生态系统构建对推动创业创新和促进经济发展具有重要意义。它可以提供创业者所需的资源和支持，为创新创业提供有利的环境和条件。创业生态系统的构建可以激发创业者的创新活力，吸引更多的创业投资，促进创新型企业的成长和发展。通过构建产业生态系统，可以实现科技成果的转化和应用，推动科技创新和产业升级，促进经济结构的优化和转型升级。

1. 创业生态系统构建对于创业创新的推动

首先，创业生态系统的构建为创业创新提供了多方位的支持和保障。通过构建孵化器、加速器和创业基地等创业孵化平台，创业者可以得到全方位的创业支持和服务，包括项目孵化、团队培训、市场推广等，为创业者提供了有力的创业基础和平台。

其次，创业生态系统的构建可以为创业者提供丰富的资源支持。包括创业资金的支持、人才资源的支持、技术资源的支持等，为创业者提供了全方位的资源保障和支持，帮助创业者解决资金短缺、人才匮乏和技术壁垒等问题，提高创业的成功率和效率。

再次，创业生态系统的构建可以促进创业者之间的交流与合作。通过搭建创业社区、创客空间等交流平台，创业者可以进行深度交流与合作，分享创业经验与资源，激发创业者的创新活力和创业热情，培育良好的创业氛围和创业文化，推动创新创业的蓬勃发展和壮大。

最后，创业生态系统的构建可以帮助创业者克服创业过程中的各种挑战和困难。通过提供创业指导、风险评估、政策支持等服务，帮助创业者识别和应对创业过程中的风险与挑战，提高创业者的创业能力和应变能力，提升创业的成功率和可持续发展能力。

2. 创业生态系统构建对于创业投资的吸引

首先，创业生态系统的构建为创业投资提供了更多的投资机会和投资选择。通过搭建创业孵化器、创业加速器等投资平台，创业生态系统可以为投资者提供丰富的投资项目和优质的投资项目资源，帮助投资者了解更多的投资机会和项目选择，提高投资的成功率和投资的收益率。

其次，创业生态系统的构建可以降低创业投资的风险和压力。通过提供投资指导、风险评估、项目评估等服务，创业生态系统可以帮助投资者识别和评估投资项目的风险和收益，降低投资的风险和压力，提高投资的成功率和投资的回报率，吸引更多的投资者积极参与创业投资活动。

再次，创业生态系统的构建可以提升创业项目的透明度和可信度。通过提供创业项目的信息披露、投资项目的监管和评估等服务，创业生态系统可以帮助投资者了解投资项目的真实情况和实际情况，增加投资者对创业项目的信心和信任，提高投资者对创业投资的参与度和积极性。

最后，创业生态系统的构建可以促进创业投资的良性循环和可持续发展。通过建立创业投资基金、创业投资平台等投资机构，创业生态系统可以为创业投资提供更加稳定和可靠的投资渠道和投资机会，促进创业投资的良性循环和可持续发展，推动创业投资的不断壮大和发展。

3.产业生态系统构建对于经济结构的优化和转型升级

首先，产业生态系统的构建可以促进经济结构的优化和调整。通过引导创新型企业的发展壮大，产业生态系统可以推动传统产业向高新技术产业的转型升级，促进传统产业的优化和升级，提升传统产业的竞争力和盈利能力，推动经济结构的优化和调整。

其次，产业生态系统的构建可以促进新兴产业的崛起和壮大。通过支持创新型企业和高新技术企业的发展，创业生态系统可以培育新的经济增长点和动力源，推动新兴产业的快速发展和壮大，为经济发展注入新的活力和动力，提高新兴产业的竞争力和影响力。

再次，产业生态系统的构建可以促进科技成果的转化和应用。通过建立创新型企业和创业孵化器等创业平台，创业生态系统可以帮助科研成果转化为实际生产力，推动科技成果的产业化和商业化进程，提升科技创新的效率和效果，促进科技创新和产业升级的良性循环。

最后，产业生态系统的构建可以推动经济持续发展和稳定增长。通过支持创新型企业和高新技术企业的发展壮大，创业生态系统可以增加就业机会，提升劳动力素质，提高生产效率和经济效益，推动经济持续发展和稳定增长，实现经济结构的优化和转型升级。

（二）创业生态系统构建的步骤分析

产业生态系统的构建需要经过一系列的步骤和阶段。

1.明确创业生态系统的定位和目标

首先，明确创业生态系统的定位和目标是创业生态系统构建的重要基础。这需要对当前市场需求、行业趋势和产业生态系统发展的整体定位进行全面分析和评估。在这一步骤中，必须明确产业生态系统所处的定位和定位的核心目标，以便更好地规划和布局后续的发展方向及重点领域。

其次，明确产业生态系统的发展方向是至关重要的。这涉及对产业生态系统所服务的行业、产业以及相关领域的发展趋势和前景进行深入研究和分析。通过了解和把握行业发展的趋势和方向，产业生态系统可以更好地定位自身的发展方向，确定适合自身发展的切入点和发展战略，从而更好地满足市场需求和行业发展的要求。

再次，明确创业生态系统的重点领域是构建创业生态系统的重要内容之一。这需要对创业生态系统所涉及的领域、产业以及创业项目的特点和需求进行全面分析和评估。通过明确重点领域，产业生态系统可以更好地聚焦发展资源和服务，提供更加精准和专业的创业支持和服务，为创业者的创业活动提供有力保障和支持。

最后，在明确创业生态系统的服务对象群体时，需要考虑到不同群体的特点、需求和差异性。创业生态系统需要为不同类型的创业者提供量身定制的服务和支持，包括初创型创业者、成长型创业者以及成熟型创业者等。通过明确服务对象群体，创业生态系统可以更好地制定创业支持政策和服务方案，提供更加个性化和差异化的创业支持和服务，帮助创业者实现创业梦想和目标。

2. 建立创业孵化基地和创业孵化器

首先，建立创业孵化基地是构建创业生态系统的重要一步。创业孵化基地作为创业者孵化项目的孵化场所，可以为创业者提供舒适的办公环境和设施设备，为创业者的创新创业活动提供良好的创业环境和平台。创业孵化基地通常会提供灵活的办公空间、共享的基础设施设备，以及配套的创业服务支持，包括创业辅导、市场推广、融资对接等，为创业者提供全方位的创业支持和服务。

其次，建立创业孵化器是促进创新创业的重要一环。创业孵化器作为创业项目的孵化平台，可以为创业者提供专业的创业培训和指导，帮助创业者完善创业计划和项目方案，提高创业成功率和创业项目的可持续发展能力。创业孵化器通常会邀请行业专家和成功创业者提供创业指导与经验分享，帮助创业者解决创业过程中的各种问题，提高创业者的创业素养和创业技能。

最后，建立创业孵化基地和创业孵化器是支持创业者发展壮大的重要举措。创业孵化基地和创业孵化器通常会提供创业培训和指导、市场推广和融资对接等全方位的创业服务，帮助创业者了解市场需求和行业趋势，掌握创业成功的关键要素和创业项目的关键技能，提高创业者的创业成功率和创业项目的可持续发展能力。通过建立创业孵化基地和创业孵化器，可以为创业者提供良好的创业平台和服务支持，帮助创业者实现创业梦想和目标，促进创新创业的蓬勃发展和壮大。

3. 建立创业导师团队和创业导师制度

首先，建立创业导师团队是创业生态系统建设的关键一环。创业导师团队通常由经验丰富、业务能力突出的专业人士组成，他们可以为创业者提供全方位的创业指导和咨询服务，包括创业规划、商业模式设计、市场营销策略等方面的指导，帮助创业者了解市场需求和行业趋势，掌握创业成功的关键要素和创业项目的关键技能，提高创业者的创业成功率和创业项目的发展潜力。

其次，建立创业导师制度是创业生态系统建设的重要组成部分。创业导师制度可以为创业者提供定制化的创业指导和咨询服务，帮助创业者解决实际问题，提高创业项目的可持续发展能力和竞争力。创业导师制度通常会建立创业导师选拔机制和评价机制，确保创业导师具备良好的专业素养和丰富的创业经验，能够为创业者提供高质量的创业指导和咨询服务，促进创业者的成长和发展。

最后，建立创业导师团队和创业导师制度是支持创业者创新创业的重要举措。创业导师团队和创业导师制度可以帮助创业者了解市场需求和行业趋势，提高创业者的创业成功率和创业项目的可持续发展能力，促进创业者实现创业梦想和目标。通过建立创业导师团队和创业导师制度，可以为创业者提供全方位的创业支持和服务，帮助创业者克服创业过程中的各种挑战和困难，实现创业项目的成功发展和持续壮大目标。

二、产业生态系统培育在数字经济发展中的作用评估

（一）产业生态系统培育对数字经济发展的重要意义

1. 创业生态系统培育可以激发创新活力，推动数字经济的快速发展

首先，创业生态系统的培育是促进创新活力的重要途径。它通过提供创新资源和支持，激励创新创业者积极投身不断探索和实践的创新活动中。创业生态系统为创新创业者提供了有利的创业环境和条件，包括资源整合、政策支持以及专业指导等方面，鼓励创业者大胆尝试新理念和商业模式，推动数字经济的创新发展。

其次，创业生态系统的培育有助于提升创新创业项目的成功率。通过建立良好的孵化平台和资源整合机制，创业生态系统为创新创业项目提供了全方位的支持和帮助。它通过提供资金支持、技术支持和市场支持等方面的帮助，降低了创新创业项目的风险和成本，提高了创业项目的成功率和可持续发展能力，推动数字经济的持续创新和发展。

再次，产业生态系统的培育有助于推动数字经济的升级和转型。它为创新创业者提供了更多的市场机会和发展空间，帮助创新型企业在竞争中脱颖而出。创业生态系统的培育可以吸引更多的创业投资和资金流入，为创新型企业提供了稳定的资金保障和支持，推动数字经济由传统模式向数字化转型升级，提升数字经济的竞争力和创新能力。

最后，产业生态系统的培育为数字经济的快速发展提供了源源不断的动力和动能。它通过不断激发创新创业活力和推动创新创业项目的成功发展，促进了数字经济产业链的完善和发展。产业生态系统的培育为数字经济的持续发展注入了活力和活跃度，推动了数字经济的持续创新和壮大，为经济发展注入新的发展动力和动能。

2. 产业生态系统培育可以促进数字经济产业链的完善和发展

首先，产业生态系统的培育可以促进数字经济产业链的协同发展和互联互通。通过建立多层次、多元化的产业生态系统，可以为数字经济产业链提供更加完善和全面的服务支持，促进各个环节之间的协同配合和良性互动。产业生态系统为数字经济产业链的各个环节提供了相互连接和资源整合的平台，帮助产业链各参与主体之间实现资源共享和优势互补，推动数字经济产业链的高效运转和协同发展。

其次，产业生态系统的培育有助于帮助数字经济产业实现优势互补和良性循环。通过建立良好的创业生态系统，可以促进数字经济产业链内各参与主体之间的紧密协作和密切合作，帮助产业链内各个环节形成良性循环和良好互动。创业生态系统为数字经济产业链提供了资源整合和项目孵化的平台，帮助产业链内的企业实现共同发展和共赢发展，实现数字经济产业链的协同壮大和协同发展。

再次，产业生态系统的培育可以提升数字经济产业链的运行效率和服务质量。通过建立高效的创业孵化基地和创业孵化器，可以为数字经济产业链的各个环节提供专业化的服务支持和精细化的管理服务，帮助产业链内的企业提升服务质量和运营效率。产业生态系统的培育为数字经济产业链提供了更加完善和专业化的服务保障，帮助产业链内的企业实现高效运营和优质发展，推动数字经济产业链的持续壮大和全面发展。

最后，产业生态系统的培育为数字经济产业链的升级提供了有力支持和保障。通过培育创新创业项目和创新创业企业，可以为数字经济产业链引入更多的新兴产业和新兴业态，帮助产业链实现升级和转型发展。产业生态系统的培育为数字经济产业链的升级提供了源源不断的动力和动能，推动产业链的创新发展和转型升级，实现数字经济产业链的持续繁荣和发展壮大。

3.产业生态系统培育可以推动实现数字经济产业的协同发展和共赢目标

首先，产业生态系统的培育为不同产业间的合作与交流提供了有力支持和保障。通过建立开放、包容的产业生态系统，可以为不同产业间的企业和组织提供合作交流的平台和机会，促进资源共享和信息互通，推动产业间的合作共赢和互利共赢。产业生态系统的培育为不同产业间的合作与交流提供了更加开放和便利的环境和条件，帮助不同产业间的企业实现资源整合和优势互补，推动实现数字经济产业的协同发展和共赢目标。

其次，产业生态系统的培育可以促进数字经济产业实现跨界融合和协同创新。通过建立多元化、多层次的创业生态系统，可以为不同产业间的企业和组织提供创新交流和项目合作的机会，促进不同产业间的技术交叉和产业融合，实现跨界融合和协同创新。产业生态系统的培育为不同产业间的企业和组织提供了创新合作与项目交流的平台，帮助不同产业间的企业实现技术创新和产业升级，推动数字经济产业的协同发展和共赢局面。

再次，产业生态系统的培育可以提高数字经济产业的整体竞争力和市场影响力。通过建立高效的创业孵化基地和创业孵化器，可以为数字经济产业提供专业化的培训和咨询服务，提高产业内企业的管理水平和竞争实力，增强产业的整体竞争力和市场影响力。产业生态系统的培育为数字经济产业提供了更加完善和专业化的服务保障，帮助产业内企业实现高效运营和市场扩张，推动实现数字经济产业的协同发展和共赢目标。

最后，产业生态系统的培育为数字经济产业的持续发展和壮大提供了有力支持和保障。通过建立创新创业项目和创新创业企业，可以为数字经济产业引入更多的新兴产业和新兴业态，帮助产业实现持续创新和持续发展，推动数字经济产业的持续壮大和全面发展。产业生态系统的培育为数字经济产业的持续发展提供了源源不断的动力和动能，帮助产业实现持续壮大和持续发展，实现数字经济产业的协同发展和共赢目标。

（二）产业生态系统培育对数字经济发展的影响评估

1.创业生态系统的培育可以帮助优化创新资源配置，提高创新创业的效率和质量

首先，创业生态系统的培育可以为创新创业者提供更加丰富的创新资源和支持。通过建立完善的创业孵化基地和创业孵化器，可以为创新创业者提供良好的创业环境和孵

化平台，包括提供办公场地、基础设施设备、资金支持以及创业服务支持等，帮助创新创业者充分发挥自身的创新潜能和创业能力，推动数字经济产业的快速发展和壮大。

其次，创业生态系统的培育可以促进创新创业者之间的交流与合作，实现资源共享和优势互补。通过建立开放、包容的创业生态系统，可以为创新创业者搭建交流合作的平台和机制，促进创新资源的共享与整合，帮助创新创业者充分利用各自的优势资源和特长，实现资源的互补和优势的整合，推动实现数字经济产业的协同发展和共赢目标。

再次，创业生态系统的培育可以提高创新创业的效率和质量。通过建立专业化的创业导师团队和创业导师制度，可以为创新创业者提供专业的指导和咨询服务，帮助他们解决创业过程中的实际问题，提高创业项目的成功率和创业项目的质量，推动数字经济产业的快速发展和壮大。

最后，产业生态系统的培育可以促进数字经济产业的协同发展和共赢局面。通过建立协同创新平台和协同创新机制，可以为创新创业者提供更加开放和便利的创新创业环境，促进数字经济产业间的交流与合作，实现产业间的资源共享和优势互补，推动实现数字经济产业的协同发展和共赢目标。

2. 创业生态系统的培育可以提高创新创业者的成功率和创业项目的成功率

首先，创业生态系统的培育通过建立专业的创业指导机构和创业服务平台，为创新创业者提供全方位的创业指导和咨询服务。这些机构和平台可以为创业者提供市场调研、商业模式设计、风险评估等方面的指导，帮助创业者在创业过程中充分了解市场需求和行业趋势，降低创业风险，提高创业项目的成功率和市场竞争力。

其次，创业生态系统的培育可以帮助创新创业者掌握创新创业的关键要素和成功技巧。通过提供创业培训和专业课程，创业生态系统可以帮助创新创业者提升管理能力、创新能力和团队协作能力，提高创新创业者的综合素质和创业能力，增强他们应对市场挑战和竞争压力的能力，提高创业成功率和创业项目的成功率。

再次，创业生态系统的培育可以提高创新创业者的市场竞争力和行业影响力。通过搭建创业交流平台和行业交流会议，创业生态系统可以促进创新创业者之间的交流与合作，加强创新创业者之间的信息共享和资源整合，提高创新创业者的行业影响力和市场竞争力，帮助他们在市场竞争中脱颖而出，实现创业项目的成功和发展。

最后，创业生态系统的培育可以帮助创新创业者充分把握市场机遇和行业趋势。通过提供市场调研和行业分析报告，创业生态系统可以帮助创新创业者及时了解市场需求和消费趋势，把握市场机遇，制定科学合理的市场营销策略，增强创业项目的市场竞争力和生存能力。

3. 创业生态系统的培育可以促进数字经济产业的协同创新和协同发展

首先，产业生态系统的培育通过建立跨界融合的合作机制和交流平台，促进了不同产业之间的合作与交流。通过跨界融合，不同产业可以实现资源共享和优势互补，充分发挥各自的优势和特色，实现资源整合和产业协同发展，推动数字经济产业的协同创新和协同发展。

其次，产业生态系统的培育可以促进数字经济产业的整合与融合。通过提供产业交流会议和合作洽谈会等平台，产业生态系统可以促进不同产业之间的深度合作与协同创新，加强产业间的信息共享和资源整合，实现产业链条的高效运转和产业间的良性互动，提高数字经济产业的整体竞争力和市场影响力。

再次，产业生态系统的培育可以帮助数字经济产业实现产业链条的优化和升级。通过搭建产业联盟和产业联合体，产业生态系统可以促进数字经济产业链条的优化和升级，推动产业的产业升级和产业结构的优化，实现数字经济产业的高质量发展和可持续增长。

最后，产业生态系统的培育可以提高数字经济产业的整体竞争力和市场影响力。通过提供产业调研和市场分析报告等服务，产业生态系统可以帮助数字经济产业了解市场需求和消费趋势，把握市场机遇，制定科学合理的市场营销策略，提高数字经济产业的市场竞争力和生存能力。

第八章　数字经济生态系统的可持续性和生态保护

第一节　数字经济生态系统的可持续性

一、数字经济发展对环境的影响评估与应对策略

（一）数字经济发展对环境的影响评估方法综述

数字经济的快速发展带来了巨大的经济利益，同时对环境造成了一定程度的影响。评估这种影响是确保可持续发展的关键步骤之一。

1. 数字经济活动对环境的主要影响因素综述

首先，能源消耗是数字经济对环境产生的重要影响之一。随着数字经济的不断壮大，对电力的需求急剧增加。数据中心的运行、云计算的发展以及日益增长的数字设备的使用都对能源消耗造成了巨大的压力。数据中心特别是消耗了大量的能源，其运行和维护所需的电力需求巨大，不仅会直接导致能源消耗的增加，而且会间接导致碳排放量的增加，加剧了全球温室气体排放问题。

其次，电子垃圾产生是数字经济发展中不容忽视的问题。随着技术的不断更新换代，人们更倾向更新更先进的数字设备，这导致了大量废弃的电子产品。这些废弃的电子产品中含有有害物质，如果不经过专业的处理和回收，就可能对环境和人类健康造成严重威胁。电子垃圾的处理成为全球性难题，需要跨国合作与全球管理。

再次，数据中心的能耗和碳排放是数字经济发展中另一个重要的环境影响因素。数据中心为了满足日益增长的数字服务需求，不仅需要大量的能源供应，还会释放大量的热量，导致温室气体排放量的增加。这些排放会对全球气候变化和环境健康造成严重的威胁，需要采取有效的措施来降低其对环境的负面影响。

最后，数字经济的快速发展对生态系统造成了一定程度的破坏。数字经济的发展往往伴随着大规模地土地开发、资源开采以及环境污染，这些行为直接损害了生态系统的稳定性和健康性。因此，保护生态系统、维护生态平衡，已成为数字经济发展过程中亟待解决的关键问题。

2. 生命周期评估（LCA）和环境影响评估（EIA）在数字经济环境影响评估中的应用

生命周期评估（LCA）和环境影响评估（EIA）等评估工具在数字经济对环境影响评估中具有重要作用。首先，生命周期评估（LCA）是一种系统性的方法，以资源获取、生产、使用和废弃处理等整个生命周期为考量因素，对数字产品和服务对环境的综合影响进行评估。在数字经济发展过程中，LCA可以帮助评估数字产品的制造和使用过程中对资源的消耗情况，从而为环境影响提供全面的视角。LCA还能够量化数字经济活动对空气、水和土壤等环境介质的影响，对评估数字经济的整体环境效应具有重要意义。

其次，环境影响评估（EIA）专注对特定数字经济项目或活动的环境影响进行全面评估。通过EIA，可以全面分析数字经济发展对生态系统的影响、资源消耗情况以及污染排放情况，进而评估数字经济活动对生态环境的长期影响。EIA能够提供数字经济发展过程中可能出现的环境问题和风险，为制定环境保护政策和可持续发展战略提供科学依据。

再次，LCA和EIA在数字经济环境影响评估中的应用能够帮助决策者深入了解数字经济发展的环境成本，并为制定环境管理措施和可持续发展策略提供科学支持。这两种评估工具能够定量评估数字经济活动对环境的影响程度，包括能源消耗、资源利用效率、碳排放等方面，为评估数字经济发展的可持续性提供全面的数据支持。

最后，LCA和EIA的综合应用能够促进数字经济活动的绿色发展，减少其对环境的负面影响，促进可持续发展目标的实现。同时，这些评估工具的应用可以促进数字经济领域的环境管理和可持续性政策的制定，推动数字经济行业向低碳、环保的方向发展。

3. 数字经济发展中的环境脆弱性与碳排放分析

在评估数字经济对环境影响时，环境脆弱性和碳排放等指标的分析至关重要。

首先，数字经济的快速发展可能会加剧环境脆弱性。数字化技术的大规模应用往往会对某些地区的生态系统造成破坏，导致生物多样性丧失和自然资源过度开发。例如，大规模数据中心的建设可能需要大量土地和能源资源，导致生态系统的破坏和土地资源的枯竭。此外，数字经济的发展也可能加剧水资源的紧缺和土地的退化，进一步加剧环境的脆弱性。因此，对数字经济发展对环境脆弱性的影响进行深入分析，可以帮助制定相应的生态保护措施和可持续发展战略，以减少其对生态环境的不利影响。

其次，数字经济的快速发展加剧了碳排放问题。随着数字化技术的普及和数据中心的大规模建设，碳排放问题日益凸显。数据中心的能源需求巨大，其能耗和碳排放量居高不下。此外，数字设备的制造、使用和废弃处理也会产生大量碳排放。随着数字经济活动的增加，碳排放量持续增长，对全球气候变化和环境健康构成了严重威胁。因此，深入分析数字经济发展对碳排放的影响，制定低碳发展策略和减排措施，对减少其对全球气候变化的负面影响具有重要意义。

再次，数字经济的发展对自然生态系统的稳定性和健康性产生了一系列潜在威胁。数字经济活动可能导致土地的破坏、水资源的过度利用以及生态系统的退化，进而对生态平衡和生物多样性产生负面影响。因此，通过深入分析数字经济对自然生态系统的影响，可以更好地制定保护生态系统的政策，促进生态环境的恢复和保护。

最后，对数字经济发展对环境脆弱性和碳排放等指标的综合分析有助于制定相应的应对策略。这些策略可以包括加强环境保护法规的制定和实施、推动数字经济向绿色低碳发展转型、促进清洁能源的应用和推广、加强生态保护与恢复等方面的措施，以减少数字经济对环境的负面影响，实现数字经济与生态环境的可持续协调发展。

（二）数字经济发展对环境的应对策略探讨

针对数字经济发展对环境带来的负面影响，需要制定一系列应对策略以保障可持续性。

1. 技术创新在减少能源消耗和碳排放方面的应用探讨

首先，在智能能源管理系统的应用方面，可以探讨其在数字经济活动中的作用。这些系统利用先进的传感器技术和数据分析算法，能够实时监测和管理能源的使用情况，从而优化能源利用效率。智能能源管理系统可以对数字设备和数据中心的能源消耗进行精准监控和管理，实现能源消耗的最优配置，降低能源浪费和不必要的能源消耗，进而有效降低数字经济活动对能源的需求，减少其对环境的负面影响。

其次，在可再生能源技术的应用方面，可以深入探讨太阳能、风能等可再生能源在数字经济中的应用前景。随着可再生能源技术的不断进步和成本的降低，太阳能光伏发电和风能发电等清洁能源已经逐渐成为替代传统能源的重要选择。这些技术的应用不仅可以减少数字经济活动对传统能源的依赖，降低能源消耗，还可以显著降低碳排放量，减少对全球气候变化的影响。

最后，数字化技术在交通管理和物流运输中的应用也是降低碳排放的重要途径。可以探索智能交通管理系统的建设，通过数据分析和智能调度算法优化交通流量，减少交通拥堵，从而降低车辆的能源消耗和碳排放。此外，还可以研究数字化技术在物流运输过程中的应用，包括智能调度、路径优化和运输管理等方面，以降低物流的能源消耗和碳排放量。通过数字化技术的应用，可以实现交通管理和物流运输的智能化和高效化，降低其对环境的负面影响，促进数字经济的绿色发展。

2. 政策调控的有效手段探讨

首先，在建立环保法规和政策框架方面，可以探讨如何制定针对数字经济领域的环保法规和政策。这些法规和政策可以包括对数字经济活动的能源消耗和碳排放进行限制和监管，促进数字经济行业向低碳、绿色发展转型。此外，还可以探讨如何推动清洁生产和资源高效利用，在数字经济活动中推广可持续生产方式和绿色技术，促进资源的循环利用和废弃物的减少与合理处理。

其次，在鼓励数字经济企业开展低碳生产方面，可以深入探讨如何通过减免税收、提供补贴和设立环保奖励基金等措施激励企业采取更加环保的生产方式。可以研究制定针对低碳技术研发和应用的奖励政策，鼓励企业加大对低碳技术的研究和应用投入力度。同时，可以探讨如何建立环保监管机制，加强对数字经济企业环保生产的监督和管理，促进企业遵守环保法规，推动数字经济产业绿色可持续发展。

最后，在推动绿色技术创新和数字经济产业结构优化方面，可以探讨政府如何加大对绿色技术创新的支持力度，鼓励企业加大绿色技术研发投入，推动数字经济产业结构向绿色低碳方向转型升级。可以研究如何建立绿色技术创新的支持机制，包括设立专项资金、推动产学研合作、加强知识产权保护等方面。此外，还可以探讨如何制定产业政策，促进数字经济产业结构优化升级，加快绿色数字经济的发展步伐，实现数字经济与环境可持续发展的良性循环。

3. 加强环境教育和意识提升探讨

首先，在教育体系中加强环保意识教育方面，可以探讨如何在学校课程中加入环保知识内容，通过开设环保专业课程和组织环保教育活动等方式，提高学生对环保问题的认识和理解。可以研究如何制定全面的环保教育计划，培养学生的环保意识和环保行为习惯，促进学生树立绿色生态文明理念，成为未来环保事业的推动者和领军者。

其次，在社会层面普及环保意识方面，可以探讨通过宣传活动、媒体报道和社区互动等方式，提高公众对环保问题的认识和重视程度。可以研究如何借助社会媒体和互联网平台开展环保宣传和教育活动，提高公众对环保问题的关注度和参与度。可以探讨如何加强环保意识教育与社会公众参与的互动，促进环保理念在社会各界的传播和实践，形成全社会共同参与环保事业的良好局面。

最后，在鼓励绿色消费和环保生活方式的倡导方面，可以探讨如何通过推出环保产品、设立环保奖励机制和开展绿色消费宣传活动等方式，引导公众形成环保意识和行为习惯。可以研究如何建立绿色消费的指导机制，引导公众理性消费和绿色消费，减少对资源的浪费和环境的破坏。可以探讨如何推动绿色生活方式的普及，促进公众形成低碳、节能、环保的生活方式和消费习惯，实现环境保护与可持续发展的良性循环。通过加强环境教育和意识提升，可以促进全社会形成共建共享的生态文明理念，推动社会向绿色、低碳、可持续发展的方向转变。

二、可持续发展理念在数字经济生态系统中的应用分析

（一）可持续发展理念在数字经济生态系统中的融合机制分析

1. 技术方面：智能能源管理系统和可持续地供应链管理技术

首先，智能能源管理系统在数字经济生态系统中的应用可以通过有效地能源管理实现资源利用的可持续性。通过智能传感器和数据分析技术，智能能源管理系统可以实时监控和管理数字经济活动中的能源消耗情况，识别能源利用的瓶颈和低效环节。基于数据分析的智能调控措施可以帮助优化能源利用效率，降低能源消耗，提高能源利用效率，从而降低数字经济活动对能源的需求，减少能源资源的浪费，实现能源利用的可持续性。

其次，可持续地供应链管理技术在数字经济中的应用可以促进供应链的绿色化和循环经济模式的实施。通过数字化技术，可以实现对供应链的全面监控和管理，优化供应链流程，降低资源浪费和环境污染。可持续地供应链管理技术可以帮助企业实现原材料采购、生产制造、产品配送和废弃物处理的全过程可持续管理，从而降低资源的消耗和浪费，减少环境的负荷，实现供应链的绿色化和循环经济模式的实施。

2.经济和社会方面：数字化就业和包容性增长

首先，在经济方面，数字化就业对于社会就业结构的转型升级具有重要意义。随着数字经济的快速发展，新兴的数字化产业不断涌现，为就业市场提供了更多的就业机会。数字化就业不仅提供了新的就业岗位，还促进了传统产业的数字化转型，提高了传统产业的竞争力和生产效率，为经济增长注入了新的活力。此外，数字化就业还促进了人力资源的可持续发展，通过提供更多的技能培训和职业发展机会，提高了就业质量和人才素质，促进了社会的可持续发展和经济的长期增长。

其次，在社会方面，数字经济的包容性增长对促进社会平等和实现共享繁荣具有重要意义。数字经济的快速发展为经济欠发达地区和弱势群体提供了更多的发展机会，通过数字化技术的普及和应用，促进了经济欠发达地区和弱势群体的融入数字经济发展的过程中。数字经济的包容性增长通过提供平等的机会和资源，帮助弱势群体获得更多的发展机会，缩小了社会的差距，促进了社会的可持续发展和共享繁荣。同时，数字经济的包容性增长促进了社会公平正义的实现，通过提高社会保障和福利制度，保障了所有社会成员的基本权利和利益，促进了社会的和谐稳定和可持续发展。

3.环境方面：数字技术促进可持续消费模式

首先，数字技术通过促进消费者意识的转变，推动可持续消费模式的形成。通过数字化平台，消费者可以获取到更多关于环保产品的信息，了解产品的生产过程、原材料来源以及环保指标等信息，从而实现对产品的全程监控和透明消费。此外，数字技术还可以通过建立和优化绿色供应链，推动企业在产品生产、运输和销售过程中更加注重环保和可持续发展，减少资源消耗和环境污染，提高产品的可持续性。

其次，数字技术在提升消费者参与环保行动和绿色消费意识方面发挥着重要作用。通过数字化平台的建设，消费者可以参与到环保行动中，如参与绿色捐赠、环保公益活动和绿色消费宣传活动等，实现个人消费行为的环保化和可持续化。数字技术可以通过建立环保奖励机制和绿色消费评价体系，激励消费者采取绿色消费行为，提高消费者对环保产品的认知和认可度，推动可持续消费模式的形成和普及。

（二）数字经济生态系统中可持续发展与利益相关者的协同机制研究

1.企业的责任与作用

首先，企业需要加强绿色生产和清洁技术的应用。这可以通过引入环保技术和设备来实现，例如使用清洁能源、优化生产工艺以减少能源消耗、推动废物资源化利用等。企业还应积极投入研发和创新，开发和推广更加环保和可持续地生产技术和工艺，促进生产过程中资源的有效利用，减少对环境的负面影响。

其次，企业需要注重社会责任，特别是关注员工的职业发展和福利保障。这可以通过提供良好的职业培训机会、创造良好的工作环境以及提供合理的福利待遇来实现。重视员工的职业发展和福利保障有助于提高员工的工作满意度和忠诚度，促进人力资源的可持续发展，同时有利于提升企业的整体竞争力和品牌形象。

最后，企业应积极参与社会公益活动，履行企业社会责任，促进社会公平和谐发展。

企业可以通过资助教育、扶贫帮困、环境保护等方式来回馈社会，积极参与社会公益事业的推动。通过履行企业社会责任，企业不仅可以增强自身的社会形象和美誉度，也可以促进社会公平正义的实现，构建和谐稳定的社会环境，从而实现企业与社会的共赢局面。

总之，企业在数字经济生态系统中承担着推动可持续发展的重要责任。通过加强绿色生产和清洁技术应用、注重社会责任以及积极参与社会公益活动，企业可以实现可持续发展目标，并为建设更加绿色、可持续的数字经济生态系统做出积极贡献。

2. 政府的责任与作用

政府在数字经济生态系统中发挥着重要的引导和监管作用。

首先，政府需要制定并完善相关法律法规和政策体系，引导数字经济向绿色、可持续方向发展。这包括建立符合数字经济发展特点的法律框架，明确数字经济发展的边界和规则，加强环境保护和资源可持续利用方面的法律监管。另外，政府还应通过出台扶持政策，鼓励企业采取绿色生产方式，推动数字经济实现可持续发展目标。

其次，政府需要加强对数字经济生态系统的监管和管理，以防范和化解数字经济发展中的各种风险和挑战。这涉及建立科学有效的监管机制，监督和管理数字经济生态系统中各方的行为，保障数字经济的安全稳定运行。另外，政府还需要加强对数字信息安全和隐私保护等方面的监管，以保障公众利益和社会稳定。

最后，政府应加强公共服务体系建设，提高社会公共服务水平，促进社会的可持续发展和公共福祉的提升。这包括增加对基础设施建设的投入，提高教育医疗等公共服务的覆盖率和质量水平，促进社会资源的合理配置和利用，从而推动社会的可持续发展和公共福祉的提升。

总体而言，政府在数字经济生态系统中的责任与作用是多方面的，包括制定法律法规和政策体系、加强监管与管理以及提升公共服务水平等方面的工作。只有政府在这些方面发挥积极作用，数字经济生态系统才能实现可持续发展，为社会的繁荣和稳定做出积极贡献。

3. 公众的责任与作用

公众在数字经济生态系统中扮演着至关重要的角色，其责任与作用不仅关乎个人的行为和意识形态，也直接影响着整个社会的可持续发展。

首先，公众需要增强环保意识，倡导绿色消费和可持续生活方式。这包括积极采取节能减排措施，减少能源消耗和资源浪费，选择环保产品和服务，共同推动数字经济向绿色、低碳方向发展。公众应加强环保知识的学习和宣传，提高对环保问题的认识和重视程度，积极参与各类环保活动，共同建设生态文明社会。

其次，公众需要积极参与社会公益活动，支持环保组织和公益项目，促进社会公益事业的发展。公众可以通过捐赠资金、参与志愿者活动、传播环保理念等方式，支持各类环保组织和公益项目的发展，助力社会公益事业的可持续发展和社会公共福祉的提升。公众应树立公益意识，将个人利益与社会责任相结合，为社会的繁荣与稳定贡献自己的力量。

最后，公众还需要加强对政府和企业的监督和参与，推动社会治理的民主化和规范化。公众可以通过参与社会公共事务讨论、监督政府决策和企业行为等方式，促进社会的公平正义和可持续发展。公众应积极行使自己的公民权利，参与社会治理的各个环节，推动社会治理机制的民主化和规范化，促进社会的和谐稳定和可持续发展。

公众在数字经济生态系统中的责任与作用是多方面的，包括增强环保意识、倡导绿色消费和可持续生活方式、支持环保组织和公益项目发展、加强对政府和企业的监督和参与等方面的工作。只有公众在这些方面发挥积极作用，数字经济生态系统才能实现可持续发展，为社会的繁荣和稳定做出积极贡献。

第二节　数字经济生态存在的风险

一、金钱犯罪对数字经济的影响

在迅速发展的数字经济中，相关的金钱犯罪是一个不可不考虑的风险因素，其影响因素众多、形式多样、危害巨大、挑战空前。我们需要高度重视。

（一）数字经济中金钱犯罪的影响

1. 金钱犯罪的形式受到技术进步的影响，变得更加多样化。犯罪分子利用新的数字工具和技术进行更复杂、更隐蔽的犯罪活动，包括但不限于以下三点：一是数字工具的利用。随着互联网和数字技术的普及，犯罪分子利用各种数字工具进行犯罪活动。例如，他们使用匿名网络浏览器和加密通信应用程序来隐藏身份与加密通信内容；利用虚拟货币和在线支付系统，进行非法资金的转移和洗钱活动。这些数字工具为犯罪分子提供了更多的机会和手段来实施金钱犯罪。二是跨国性金钱犯罪活动。技术的进步使得犯罪分子更轻松地进行跨国犯罪活动。例如，他们通过网络攻击和电子欺诈手段，从全球各地窃取财产和敏感信息；利用虚拟货币和在线交易平台，在不同国家之间进行非法资金的转移和交易。这种跨国性的经济犯罪活动给执法部门的追踪和打击带来了更大的挑战。三是新型犯罪模式的出现。电子诈骗、网络钓鱼、虚拟货币犯罪等在数字经济中变得普遍起来。这些新型犯罪模式利用了人们对技术的依赖和不了解，通过网络和数字渠道进行欺诈和非法活动。这些金钱犯罪模式通常更加复杂和隐蔽，需要执法部门不断提升对应的防范和打击能力。

（二）数字经济中的金钱犯罪形式

1. 电子诈骗

电子诈骗包括网络诈骗、电子邮件欺诈、虚假网站和网络钓鱼等，犯罪分子利用互联网和数字技术进行欺骗和非法获取财产。电子诈骗行为利用了互联网和数字技术的匿名性、便利性和覆盖范围广等特点。犯罪分子利用社会工程学技巧、技术漏洞和欺骗手段，冒充合法机构或亲友获取受害者的信任，并骗取他们的个人信息或非法财产。

2. 数据盗窃和身份盗用

黑客入侵电子系统和数据库，窃取个人和机构的敏感信息，如银行卡号码、社保卡号码等，并将其用于非法活动。数据盗窃和身份信息盗用行为严重侵犯了个人和机构的隐私权与财产权，给受害者带来了巨大的困扰和损失。

3. 金融诈骗

金融诈骗指股票操纵、内幕交易、伪造证券等损害金融市场公平性和透明度的违法行为。金融诈骗行为在数字经济中得以增多，主要原因是技术的发展和信息的流通速度加快。犯罪分子利用互联网和数字技术，通过虚假信息的传播和匿名交易，更容易实施金融诈骗行为。

4. 虚拟货币犯罪

虚拟货币犯罪包括比特币洗钱、虚拟货币交易平台的黑客攻击、ICO（InitialCoinOffering）诈骗、虚拟货币钱包的盗窃、虚拟货币交易的操纵等行为。虚拟货币犯罪行为利用了虚拟货币的匿名性、全球化交易和高度技术化等特点，给用户和市场带来了严重的风险与损失。

（三）应对数字经济中的金钱犯罪挑战

1. 完善相关法律法规

完善相关法律法规是应对数字经济中金钱犯罪挑战的先决条件。首先，完善相关法律法规可以为打击数字经济中的各类金钱犯罪行为提供有力的制度保障和法律依据。通过完善法律法规，可以明确金钱犯罪行为的界定标准和惩罚措施，规范数字经济市场秩序，维护数字经济的健康发展。其次，完善相关法律法规可以为加强法律监管和执法提供有力保障。通过完善法律法规，可以明确法律责任和法律程序，提高法律监管和执法的效率与准确性，增强法律的威慑力，促进数字经济市场的规范和健康发展。

2. 建立多层次的网络安全体系

建立多层次的网络安全体系是保障数字经济安全的重要举措。首先，多层次的网络安全体系应该包括完善的技术手段。通过建立有效的防火墙系统，可以有效识别和拦截潜在的网络攻击与恶意软件，保障网络系统的安全稳定运行。其次，建立全面的数据加密体系。通过采用先进的数据加密技术，可以有效保护数据的安全性和完整性，防止数据被非法获取和篡改，保障数字经济生态系统的信息安全和隐私安全。最后，加强网络安全管理体系的建设是保障数字经济安全的关键。

3. 加强国际合作机制

加强国际合作机制是应对数字经济中金钱犯罪挑战的必要措施。首先，建立跨国合作机制对促进信息共享和情报交流至关重要。通过建立有效的信息共享机制，不同国家可以及时了解和应对跨国犯罪活动，共同打击跨国金钱犯罪行为，保障数字经济安全和稳定发展。其次，加强国际合作机制可以促进国际法律法规的统一和协调。通过加强国际合作，不同国家可以协商制定统一的法律法规，建立有效的法律合作机制，共同打击跨国经济犯罪活动，维护数字经济生态的安全和稳定。

二、虚拟货币对经济秩序的影响与应对策略

（一）虚拟货币对金融系统的挑战与影响

1.虚拟货币对传统金融体系稳定性的影响

虚拟货币作为新型金融工具，对传统金融体系的稳定性提出了新的挑战。首先，虚拟货币市场的不确定性因素对金融体系的稳定性带来一定影响。虚拟货币市场的监管政策不确定性、技术风险和市场预期变化等因素可能会引发市场波动和投资者信心动荡，影响金融体系的稳定运行。其次，虚拟货币市场的波动性对金融风险传导和金融体系稳定性也产生重要影响。虚拟货币市场的价格波动可能会扩大市场波动性，导致金融风险传导和金融体系的不稳定性，对传统金融市场产生溢出效应。

在面对虚拟货币市场带来的挑战时，需要采取一系列应对措施和风险管理建议。首先，加强对虚拟货币市场的监管和管理，建立健全的监管政策体系和风险防范机制，保障金融体系的稳定运行。其次，加强对虚拟货币市场的风险评估和监测，及时发现和应对市场异常波动和投机行为，降低金融体系的风险暴露。再次，加强金融市场的信息披露和透明度，增强投资者的风险意识和风险防范能力，促进金融市场的稳健发展。最后，加强国际合作与协调，推动国际金融体系的共同治理和合作发展，构建更加稳健和可持续的全球金融体系。

2.虚拟货币对货币政策执行的挑战

虚拟货币的发展给传统货币政策执行带来了新的挑战。首先，虚拟货币市场的快速变化对货币政策传导机制带来了挑战。传统货币政策传导机制可能无法完全覆盖虚拟货币市场的变化和波动，导致货币政策执行的效果受到一定程度的限制。其次，虚拟货币市场的快速变化对货币政策工具的使用提出了新的要求。传统货币政策工具可能不足以应对虚拟货币市场的快速变化和波动，需要采取更加灵活和多样化的货币政策工具来应对市场的挑战。

在应对虚拟货币对货币政策执行的挑战时，需要采取一系列的应对策略和政策建议。首先，加强对虚拟货币市场的监测和分析，深入研究虚拟货币市场对传统货币政策传导机制的影响，及时调整货币政策执行策略和措施。其次，提高货币政策的灵活性和适应性，完善货币政策执行的多元化工具和手段，保障货币政策执行的有效性和稳定性。再次，加强国际合作与交流，探讨建立全球统一的虚拟货币监管标准和机制，促进全球货币政策的协调和合作发展。最后，加强对投资者的风险教育和风险提示，提高投资者对虚拟货币市场的认知和风险意识，促进市场的健康和稳定发展。

3.虚拟货币对金融监管的影响

虚拟货币的发展给金融监管带来了新的挑战。首先，虚拟货币市场的监管难点和挑战主要体现在其去中心化特点。虚拟货币市场的去中心化特点使得监管机构难以有效监控和管理市场的交易活动和资金流动，导致监管的不完备和漏洞。其次，虚拟货币市场

的监管漏洞和风险可能对金融体系稳定性造成一定的威胁。虚拟货币市场的不确定性和波动性可能会影响金融体系的稳定运行，增加金融风险的传播和扩大范围，对金融市场的健康发展造成不利影响。

在应对虚拟货币对金融监管的影响时，需要采取一系列的应对策略和政策建议。首先，加强监管科技创新，利用先进的监管科技手段和工具，提高监管机构对虚拟货币市场的监控和管理能力，增强对市场的监管效果和实施效力。其次，加强监管制度建设，完善虚拟货币市场的监管法规和规章制度，建立健全的监管体系和机制，提高监管的全面性和针对性，防范市场的风险和波动。再次，加强国际合作与交流，促进全球范围内的监管合作和信息共享，探讨建立全球统一的虚拟货币监管标准和机制，提高全球金融市场的监管协调性和有效性。最后，加强对投资者的风险教育和投资指导，提高投资者对虚拟货币市场的认知和风险意识，引导投资者理性投资和理性消费，促进市场的健康和稳定发展。

（二）制定应对虚拟货币风险的政策策略

1. 建立全面的虚拟货币监管框架

建立全面的虚拟货币监管框架是应对虚拟货币对金融秩序挑战的重要举措。

首先，建立全面的虚拟货币监管体系需要依托完善的法律法规和监管手段。针对虚拟货币市场的特点和发展趋势，监管机构需要建立具有针对性和适应性的监管法规，明确虚拟货币市场的准入标准和经营规范，规范市场的交易行为和资金流动，保障市场的健康稳定发展。

其次，建立全面的虚拟货币监管体系可能涉及一些监管难点和政策制定问题。监管机构需要充分考虑虚拟货币市场的复杂性和不确定性，制定灵活和有效的监管政策，加强监管的前瞻性和预防性，防范市场的风险和波动。

再次，加强监管科技创新是建立全面的虚拟货币监管框架的重要保障。监管机构需要加强对先进监管科技的研究和应用，提高监管的科学性和有效性，提升监管的精准度和实时性，增强对市场的监测和预警能力。

最后，加强监管团队建设也是建立全面的虚拟货币监管框架的关键环节。监管机构需要加强对监管人员的培训和教育，提高监管人员的专业素养和监管意识，建立高效的监管团队和工作机制，保障监管的高效运行和实施效果。

因此，建立全面的虚拟货币监管框架需要依托完善的法律法规和监管手段，充分考虑监管难点和政策制定问题，加强监管科技创新和加强监管团队建设，以确保监管的全面性和有效性，促进虚拟货币市场的稳健发展和金融秩序的良性运行。

2. 加强金融科技创新监管

首先，加强金融科技创新监管需要建立完善的监管框架和技术手段。针对金融科技创新的快速发展和应用，监管机构需要建立具有前瞻性和适应性的监管框架，规范金融科技创新的市场准入和发展规范，明确监管责任和监管要求，保障金融市场的安全和稳定。

其次，加强金融科技创新监管可能涉及一些监管难点和政策制定问题。监管机构需要充分了解金融科技创新的技术特点和应用场景，制定灵活和有效的监管政策，加强对新型金融业态和业务模式的监管和指导，防范市场的风险和波动。

再次，加强金融科技监管人才培养是加强金融科技创新监管的重要保障。监管机构需要加强对金融科技监管人才的培养和引进，提高监管人员的专业素养和技术能力，建立高效的监管团队和工作机制，保障监管的科学性和有效性。

最后，跨部门协同机制建设也是加强金融科技创新监管的重要内容。监管机构需要加强与相关部门和机构的合作和沟通，建立健全的信息共享和协调机制，加强对金融科技创新的跨界监管和协同监管，提升监管的整体效能和协同效应。

因此，加强金融科技创新监管需要建立完善的监管框架和技术手段，充分考虑监管难点和政策制定问题，加强金融科技监管人才培养和跨部门协同机制建设，以确保监管的前瞻性和适应性，促进金融科技创新的健康发展和金融市场的稳健运行。

3.促进国际合作与信息共享

首先，为促进国际合作与信息共享，需要建立有效的合作机制和平台建设。在建立合作机制方面，各国金融监管机构需要积极主动地制定合作协议和机制，建立多边合作框架，加强信息共享和沟通，促进跨境金融监管的有效合作和协调。其次，在信息共享方面，各国金融监管机构需要加强信息收集和分析能力，建立完善的信息共享平台，提高信息共享的透明度和及时性，共同应对虚拟货币市场的监管挑战和风险。

其次，需要充分分析可能涉及的合作障碍和信息共享难点。在国际合作方面，不同国家金融体系存在着监管标准和政策差异，合作障碍包括法律法规的差异、信息交换的限制以及政策协调的难度等。在信息共享方面，涉及难点包括信息安全和隐私保护、数据传输和共享平台的建设等方面。针对这些合作障碍和难点，各国金融监管机构需要积极探索解决方案，加强政策沟通和协调，建立信息共享的安全机制和规范标准，提升信息共享的质量和效率。

最后，加强国际交流与合作是促进全球金融体系的稳定和可持续发展的关键。各国金融监管机构需要积极参与国际会议和研讨活动，加强理论研究和经验分享，促进国际监管政策的协调和一致。同时，各国金融监管机构需要加强与国际金融组织和跨国机构的合作，积极参与国际金融监管标准的制定和推动，共同应对虚拟货币对全球金融体系的挑战和影响。

因此，促进国际合作与信息共享需要建立有效的合作机制和平台建设，克服合作障碍和解决信息共享难题，加强国际交流与合作，共同应对虚拟货币对金融国际化和全球经济秩序的挑战，推动全球金融体系的稳定和可持续发展。

第三节　数字经济生态系统的保护

一、生态系统保护策略对可持续发展的重要性

生态系统保护策略在数字经济生态系统中具有至关重要的作用。

（一）生态系统保护策略与数字经济可持续发展

在数字经济生态系统中，生态系统的健康和稳定直接关系到数字经济的长期发展。保护生态系统有助于维护和改善自然环境，促进生物多样性的保护和恢复。生态系统的破坏和退化可能导致生态环境恶化，对数字经济的可持续发展产生严重负面影响。因此，制定和执行科学有效地生态系统保护策略至关重要，以确保数字经济的持续健康发展。

1. 生态系统保护与数字经济生态系统的关系

随着数字经济的快速崛起，人们对生态系统保护策略的重要性和紧迫性有了更深刻的认识。以下是生态系统保护与数字经济生态系统的关系分析。

首先，生态系统保护对数字经济生态系统的关键作用在于维护自然环境的基本稳定性。生态系统保护策略有助于保持生态平衡，防止环境恶化对数字经济产生不利影响。通过维护自然生态系统的健康稳定，数字经济生态系统能够建立在一个良好的环境基础之上，从而保障其可持续发展的基础。

其次，生态系统保护对数字经济生态系统的影响体现在资源的可持续利用上。数字经济的高速发展对能源、水资源等提出了更高要求，而这些资源的可持续利用与生态系统保护密切相关。通过加强生态系统保护，可以保护环境资源，避免资源过度开发和污染，从而保障数字经济生态系统所需资源的可持续供给。

最后，生态系统保护对数字经济生态系统的影响体现在环境质量对产业发展的影响上。良好的生态环境质量有助于提升数字经济的竞争力和创新能力，使得数字经济生态系统能够更好地适应市场竞争的压力和创新发展的需求。同时，保护生态系统还有助于提高人民的生活质量，促进人与自然的和谐共生，为数字经济的健康发展提供社会基础和文化支持。

生态系统保护与数字经济生态系统的关系密不可分。只有通过加强生态系统保护，才能构建一个良好的生态环境基础，保障数字经济生态系统的健康发展和可持续运行。这一过程需要政府、企业、社会各界的共同努力和合作，形成全社会共识和行动，共同推动生态系统保护与数字经济生态系统的可持续发展。

2. 生态系统保护策略的重要性与必要性

首先，随着数字经济的高速发展，生态系统保护策略的重要性日益凸显。数字经济的快速发展对环境资源提出了更高要求，而环境资源的可持续供给与生态系统的健康与稳定密切相关。生态系统保护策略有助于减少资源的过度开发和环境污染，从根本上保

障数字经济的资源供给和环境可持续性，确保数字经济可持续发展的基础。

其次，生态系统保护策略的必要性在于保护生态系统的完整性和稳定性。生态系统是自然界中的重要组成部分，维护生态系统的完整性和稳定性对维持地球生态平衡至关重要。数字经济的高速发展在一定程度上对生态系统造成了一定压力，因此加强生态系统保护策略的制定与执行，对防止生态系统的破坏和退化具有重要意义。

再次，生态系统保护策略的重要性还在于促进数字经济的可持续发展。数字经济作为当今社会的重要发展方向，其可持续发展需要建立在良好的生态环境基础之上。通过制定科学有效地生态系统保护策略，可以降低数字经济对生态环境的负面影响，促进数字经济向绿色低碳发展模式转型，实现经济增长与环境保护的良性循环。

最后，生态系统保护策略的必要性还在于提升社会的环保意识和责任意识。加强生态系统保护策略的宣传和教育，有助于提高社会各界对生态环境保护的重视程度，形成全社会共同参与生态系统保护的良好氛围。只有全社会的共同努力和合作，才能有效保障生态系统的健康稳定，确保数字经济可持续发展的长远目标能够得以实现。

3. 科学有效地生态系统保护策略的制定与实施

首先，科学有效地生态系统保护策略的制定需要充分考虑生态环境的特点。针对不同地区的生态环境特征和问题，制定差异化的保护政策是非常必要的。需要依托科学研究和专业技术，对生态系统的特点、脆弱性以及受威胁程度进行全面深入地分析和评估，为制定科学有效的生态系统保护策略提供科学依据。

其次，科学有效地生态系统保护策略需要与数字经济发展的需求相结合。数字经济的快速发展对资源供给和环境保护提出了更高要求，需要在制定生态系统保护策略时充分考虑数字经济产业的需求和发展方向。要通过产业政策的引导和技术手段的支持，促进数字经济产业向绿色低碳发展模式转型，实现数字经济的可持续发展目标。

再次，科学有效地生态系统保护策略的实施需要加强政策执行和监督。政府部门应建立健全的政策执行机制，确保相关政策得以有效贯彻落实。同时，要加强对生态环境保护的监督检查力度，加大对违规行为的处罚力度，提高生态保护政策的执行力和可操作性。

最后，科学有效地生态系统保护策略的实施需要形成多方合力的合作机制。政府、企业、社会各方应加强合作，共同参与生态系统保护工作。政府部门应加强政策宣传和教育，增强公众的生态环保意识。同时企业应加强环保投入和技术创新，推动产业绿色升级；社会各界应积极参与公益活动，共同营造良好的生态保护氛围。

（二）保护环境资源与数字经济可持续性

生态系统保护策略不仅有助于保护生态系统本身，还能够保护环境资源，避免资源的过度开发和污染。数字经济发展需要大量的能源和资源支持，如果资源开发不当或污染严重，就会给环境和生态系统带来巨大压力和负担，影响数字经济的可持续性。通过制定有效的环境保护政策，保障数字经济的资源供给和环境可持续性，可以更好地平衡数字经济发展和环境保护的关系。

1.生态系统保护与数字经济生态系统的关系

首先，随着数字经济的高速发展，资源的过度开发和环境的污染对生态系统造成了巨大的压力。数字经济的快速发展使得对能源、水资源等自然资源的需求不断增加，同时也加剧了环境污染和生态系统退化的问题。生态系统的破坏可能会导致生物多样性减少、生态平衡被打破等问题，对数字经济的可持续发展构成潜在威胁。

其次，数字经济生态系统的健康和稳定直接依赖于自然生态系统的平衡和稳定。自然生态系统为数字经济提供了重要的生态服务，如水源保护、气候调节、土壤保持等。这些生态服务的稳定性和持续性直接关系到数字经济的持续发展和健康发展。因此，保护自然生态系统对维护数字经济生态系统的平衡和稳定具有不可替代的重要性。

再次，生态系统保护有助于维护生态平衡和生物多样性。保护自然生态系统可以减少人类活动对生态环境的破坏，维护生物多样性和生态平衡，从而为数字经济提供更加健康和可持续的发展环境。生态系统的保护有助于创造更加和谐的人与自然的共生环境，为数字经济生态系统提供了有利的生态基础和发展条件。

最后，加强生态系统保护策略是保障数字经济生态系统的可持续发展的必要手段。只有通过加强生态系统保护，保护自然生态环境的稳定性和完整性，才能为数字经济的可持续发展提供有力的支撑。同时，需要加强政策制定和监督，推动数字经济发展向绿色低碳方向转型，实现数字经济生态系统的可持续发展。

2.生态系统保护策略的重要性与必要性

首先，生态系统保护策略在数字经济可持续发展中具有至关重要的地位。随着数字经济的迅猛发展，资源的过度开发和环境的污染已经成为制约数字经济可持续发展的主要因素之一。生态系统保护策略有助于减少资源过度开发和环境污染，维护生态系统的稳定性和完整性，为数字经济提供了可持续发展的生态环境基础。

其次，生态系统保护策略有助于保障数字经济的资源供给和环境可持续性。通过合理利用和管理自然资源，减少资源的过度开发，可以保障数字经济所需的各种资源的持续供给，避免因资源短缺而影响数字经济的持续发展。同时，生态系统保护策略有助于减少环境污染，提高环境质量，为数字经济提供更加健康和可持续的发展环境。

再次，制定并实施科学有效地生态系统保护策略可以有效降低数字经济对环境的影响，推动数字经济的可持续发展。科学有效地生态系统保护策略可以促进数字经济产业结构的优化升级，推动数字经济向绿色低碳发展模式转型，实现数字经济增长与环境保护的良性循环。同时，加强生态系统保护策略的制定与执行可以促进数字经济的创新发展，推动数字经济在全球竞争中取得更加有力的地位。

最后，加强生态系统保护策略的制定与执行是数字经济可持续发展的必要手段。只有通过加强生态系统保护，保障生态环境的质量和稳定性，才能为数字经济的可持续发展提供坚实的基础。因此，政府、企业和社会各界应共同努力，制定并实施科学有效的生态系统保护策略，为数字经济的可持续发展注入新的动力和活力。

3.科学有效地生态系统保护策略的制定与实施

首先，建立科学有效地生态系统保护策略需要深入了解生态环境的特点和数字经济发展的需求。这意味着需要全面调研和分析生态系统的状况、生态环境面临的问题以及数字经济产业的需求和发展方向。只有深入了解这些背景信息，才能制定出科学合理的生态系统保护策略，确保其能够针对性地解决当前生态环境面临的问题，并满足数字经济发展的需求。

其次，制定生态系统保护策略需要综合考虑政策的可行性和实施的可操作性。这包括对政策执行的监督和评估机制的建立，确保生态系统保护策略能够得到有效落实并产生预期的效果。同时，需要鼓励并促进政府、企业和社会各界之间的合作与沟通，形成多方共治的生态系统保护格局，实现政府、企业和公众共同参与生态系统保护的良好局面。

再次，加强科学有效地生态系统保护策略的制定与实施需要强化技术研发和创新。这包括在数字经济领域推动绿色技术和环保产品的研发和应用，促进数字经济产业的绿色发展和可持续发展。同时，需要鼓励企业加大对生态环境保护的投入和支持力度，促进企业生产经营活动的绿色转型和可持续发展，推动数字经济向绿色低碳发展模式转型。

最后，加强科学有效地生态系统保护策略的制定与实施需要强化政策宣传和教育。这包括通过宣传教育活动加强公众对生态系统保护重要性的认识和理解，培养社会各界的生态保护意识和责任感。同时，需要加强对相关法律法规的宣传和培训，提高公众对生态保护法规的遵守度和执行力度，形成全社会共同参与生态系统保护的良好氛围。

（三）绿色低碳发展与数字经济转型

在全球环境问题日益凸显的背景下，绿色低碳发展理念受到越来越多的关注。数字经济作为当今社会的重要组成部分，应当积极响应并推动绿色低碳发展。生态系统保护策略有助于推动数字经济向绿色低碳发展模式转型，通过减少能源消耗、降低碳排放等方式，实现数字经济增长与环境保护的良性循环。通过引导企业采用绿色技术和生产方式，数字经济可以在可持续发展的道路上持续前进。

1. 绿色低碳发展理念的重要性

首先，绿色低碳发展理念的重要性在于其对应对全球气候变化和环境污染问题具有积极的作用。随着全球气候变化日益严重，环境污染日益加剧，绿色低碳发展理念成为解决当前环境问题的关键途径之一。通过降低能源消耗、减少二氧化碳排放等措施，绿色低碳发展理念可以有效减缓全球气候变化的速度，保护和改善地球的生态环境。

其次，绿色低碳发展理念是未来可持续发展的必由之路。在全球资源日益减少的情况下，绿色低碳发展理念提倡资源的节约利用和循环利用，有利于实现经济的可持续发展。通过推动绿色技术的发展和应用，可以促进经济结构的优化升级，提高资源利用效率，实现经济的可持续增长。

再次，数字经济作为现代经济发展的重要引擎，应当积极响应绿色低碳发展理念。数字经济领域的发展往往伴随着大量的能源消耗和环境污染，因此，数字经济产业需要积极采取绿色低碳发展策略，减少对环境的不良影响，推动数字经济向绿色可持续发展的方向转型升级。

最后，绿色低碳发展理念的贯彻落实对数字经济的可持续发展具有重要意义。在数字经济发展过程中，坚持绿色低碳发展理念可以有效减少资源的消耗和环境污染，促进数字经济产业的健康发展，提升企业的社会责任感和品牌形象，树立企业良好的社会形象，为数字经济的可持续发展注入新的动力和活力。

2. 生态系统保护策略对绿色低碳发展的推动作用

首先，生态系统保护策略对绿色低碳发展的推动作用在于促进能源消耗和排放的减少。通过鼓励企业采用清洁能源和绿色生产技术，生态系统保护策略可以有效降低企业能源消耗和排放，减少对传统能源的依赖，推动数字经济向低碳发展模式转型，从而为实现绿色低碳发展提供了重要的支持和保障。

其次，生态系统保护策略对绿色低碳发展的推动作用在于加强对可再生能源的开发利用。通过大力发展可再生能源产业，如风能、太阳能等，生态系统保护策略可以推动数字经济产业向绿色能源的转型，减少对传统化石能源的依赖，实现数字经济产业的绿色升级和可持续发展，为绿色低碳发展提供了强有力的支撑。

再次，生态系统保护策略对绿色低碳发展的推动作用在于促进绿色技术的创新和应用。通过鼓励企业加大对绿色技术研发和应用的投入力度，生态系统保护策略可以推动数字经济产业的技术创新和转型升级，实现数字经济产业的绿色化和智能化发展，为绿色低碳发展提供了新的技术支撑和动力。

最后，生态系统保护策略对绿色低碳发展的推动作用在于提升企业的环保意识和责任感。通过加强对企业环保意识和责任感的培养和引导，生态系统保护策略可以促使企业积极主动地参与到绿色低碳发展中来，主动采取环保举措，实现企业经营与社会环保的良性循环，为绿色低碳发展树立了企业社会责任的典范。

3. 数字经济绿色化转型的挑战与机遇

首先，数字经济绿色转型面临着技术创新和体制机制变革的挑战。要推动数字经济绿色化转型，需要不断加强相关技术的研发和创新，促进数字技术与绿色生产模式的有机融合，从而实现数字经济的高效运行和生态环境的良好保护。同时，需要对传统的经济发展模式进行改革，建立适应绿色转型的体制机制，促使数字经济发展更加环保和可持续。

其次，数字经济绿色转型孕育着可持续发展和经济增长的新机遇。通过推动数字经济绿色化转型，不仅可以有效减少资源的消耗和环境污染，提升生态环境的质量和人民生活的幸福感，还可以为数字经济产业的可持续发展注入新的动力，打造更加环保、智能和创新的经济增长模式，为构建美丽中国和实现经济社会的可持续发展贡献力量。

再次，数字经济绿色转型需要建立健全的政策法规体系。为了促进数字经济绿色化转型的顺利进行，需要加强政府部门间的协调合作，制定出科学合理的政策措施，激励企业积极参与绿色低碳发展，加大环保投入和技术创新力度，营造良好的政策环境和市场氛围，为数字经济绿色化转型提供有力保障和支持。

最后，数字经济绿色转型需要积极引导社会各界的参与和共建。除了政府和企业的积极作为，还需要广泛动员社会各界的力量，增强公众的环保意识和责任感，培育绿色消费和生活方式，形成全社会共同参与绿色低碳发展的良好局面，共同建设美丽家园和可持续发展的数字经济生态系统。

二、生态系统保护策略对可持续发展的影响评估

生态系统保护策略的实施对数字经济可持续发展具有积极的影响。

（一）生态系统保护策略与生态环境质量提升

生态系统保护策略有助于提高生态环境质量，促进自然资源的合理利用和管理，保护生态系统的完整性和稳定性。通过加强对自然资源的保护和管理，数字经济发展所需的资源供给得以有效保障，从而减少资源短缺和环境污染对数字经济发展的不利影响。此外，生态系统保护策略的实施有助于改善空气质量、水质量等环境指标，提升生态环境的整体质量，从而为数字经济提供良好的生态环境支撑。

1. 自然资源合理利用与数字经济资源供给

首先，生态系统保护策略通过促进自然资源的合理利用和管理，有效地提升了资源利用效率。对数字经济而言，资源是支撑其发展的基础，包括能源、原材料等诸多方面。通过科学合理地管理和利用，生态系统保护策略有效减少了资源的浪费和滥用现象，确保资源的有效利用，为数字经济提供了充足的资源保障。

其次，生态系统保护策略的执行有助于保障数字经济所需资源的可持续供给。数字经济的高速发展对各类资源的需求日益增长，其中包括能源、水资源、矿产资源等。通过加强对资源的保护和管理，生态系统保护策略有效避免了资源过度开发和消耗，保障了数字经济发展所需资源的稳定供给，有效缓解了资源供需矛盾。

再次，生态系统保护策略的实施促进了资源的多元化利用。在数字经济发展过程中，资源的多样化利用能够提高数字经济的抗风险能力和持续发展能力。生态系统保护策略通过鼓励资源的综合利用和循环利用，推动数字经济向资源节约型、环境友好型的发展模式转型，使得数字经济发展与资源利用的可持续性得到有效结合。

最后，生态系统保护策略的有效实施有助于提升数字经济的国际竞争力。在全球化背景下，资源供给的稳定和可持续性是一个国家数字经济发展的重要考量因素。通过有效保护自然生态系统，保障资源的可持续利用，国家的数字经济将更具有吸引力和竞争力，为国家数字经济的发展提供有力保障和支撑。

2. 环境指标改善与生态环境质量提升

首先，生态系统保护策略的实施在改善空气质量方面发挥了重要作用。数字经济的发展往往伴随着能源消耗和排放的增加，可能导致空气污染问题的日益严重。通过加强对工业生产和交通运输等领域的污染治理，生态系统保护策略有效减少了有害气体和颗粒物的排放，改善了空气质量，为数字经济提供了更清洁、健康的生产和生活环境。

其次，生态系统保护策略的实施对提升水质量起到了积极作用。数字经济发展过程

中可能会产生大量工业废水和生活污水，对水资源质量造成一定程度的影响。通过严格的水污染治理和水资源保护措施，生态系统保护策略有效减少了污水排放对水质的负面影响，保障了水资源的可持续利用，为数字经济提供了清洁、可靠的用水保障。

再次，生态系统保护策略的实施促进了生态系统整体质量的提升。生态系统的健康与稳定直接影响着自然环境的整体质量。通过加强对生态系统的保护和恢复，生态系统保护策略促进了生态系统的恢复和更新，提高了生态系统的整体质量和稳定性，为数字经济提供了良好的生态环境支撑和保障。

最后，生态系统保护策略的有效实施有助于改善环境指标，提升了生态环境的整体质量。数字经济的可持续发展需要依赖一个良好的生态环境基础，生态系统保护策略通过改善环境指标，为数字经济提供了更加可持续、健康的发展环境。

3. 生态系统完整性维护与环境稳定性保障

首先，生态系统保护策略的实施有助于维护生态系统的完整性。生态系统是由各种生物群落和非生物因素相互作用所形成的复杂系统，其完整性对维持生态平衡和稳定至关重要。生态系统保护策略通过保护生物多样性、维持生态链条的完整性以及保护关键生态系统的连通性，有效维护了生态系统的完整性，保障了生态系统内各种生态过程的正常运转。

其次，生态系统保护策略的实施有助于保障环境的稳定性。环境的稳定性是维持生态系统平衡和生态过程正常运行的基础条件。通过对环境污染和生态破坏的治理，生态系统保护策略有效降低了人类活动对自然环境的干扰程度，保障了生态系统内环境的相对稳定性，为生物多样性的维持和生态过程的正常进行提供了良好的环境基础。

再次，生态系统保护策略地实施有助于提高环境的适应性和抗干扰素力。生态系统的抗干扰素力是衡量生态系统抵御外部干扰和变化的能力，其稳定性直接关乎生态系统对外界环境变化的适应性。生态系统保护策略通过保护关键生态系统和物种，提高了生态系统内各种生物的适应性和抗干扰素力，增强了生态系统对外界环境变化的稳定性，为数字经济的可持续发展提供了有力的生态保障。

最后，生态系统保护策略的有效实施对保障数字经济的长期可持续发展具有重要意义。数字经济的发展需要一个良好的生态环境基础，生态系统保护策略的实施为保障生态系统的完整性和环境的稳定性提供了重要保障，为数字经济提供了持续发展的有力支持。

（二）生态系统保护策略与数字经济竞争力提升

生态系统保护策略的实施有助于提升数字经济的竞争力和创新能力，推动数字经济产业结构优化升级，促进数字经济向高质量发展转型升级。通过加大对生态环境保护的力度，数字经济产业得以在良好的生态环境中蓬勃发展，实现了产业结构的优化升级，提升了数字经济的整体竞争力和创新能力。此外，生态系统保护策略的实施还为数字经济产业提供了更多的市场机会和发展空间，促进了数字经济的健康发展。

1. 产业结构优化升级与数字经济竞争力提升

首先，生态系统保护策略的实施推动了传统产业向绿色低碳产业转型。在生态系统保护的框架下，传统产业受到了环保政策的引导，被促使采用更加清洁、高效的生产技术和工艺，实现了向绿色低碳发展的转型。例如，在能源利用方面，传统产业倾向采用清洁能源替代传统能源，减少了能源消耗和碳排放，为数字经济产业的绿色化转型提供了有力支持。

其次，生态系统保护策略的实施促进了数字经济产业结构的优化升级。数字经济产业在生态系统保护政策的引导下，更加注重可持续发展和生态环境保护，倾向于发展与生态环境友好的产业。例如，数字经济产业逐渐偏向发展以信息技术为核心的绿色产业，包括绿色能源技术、环境监测与治理技术、可持续发展评估技术等，实现了产业结构的优化升级和创新能力的提升。

再次，生态系统保护策略的实施为数字经济产业提供了更广阔的发展空间和市场机遇。随着生态系统保护策略的逐步落实，人们对环保和生态产品的需求逐渐增加，数字经济产业得以更好地满足社会的绿色消费需求。这为数字经济产业的创新发展提供了更多的市场机遇和广阔的发展空间，提升了产业的整体竞争力和创新能力。

最后，生态系统保护策略的实施促进了数字经济产业的可持续发展和健康发展。数字经济产业在生态系统保护策略的引导下，实现了产业结构的优化升级和环保意识的提升，促进了产业的可持续发展和健康发展。这为数字经济产业的长期发展提供了良好的保障和保障。

2. 市场机会拓展与数字经济发展空间扩大

生态系统保护策略的实施为数字经济产业提供了更多的市场机会和发展空间。通过建立健全地生态保护体系，数字经济产业得以更好地开拓绿色市场，推动了数字经济产业的多元化发展，为数字经济发展注入了新的活力和动力。

3. 创新能力提升与数字经济持续发展

生态系统保护策略的实施有助于提升数字经济产业的创新能力和发展活力。通过推动绿色技术和环保理念的创新应用，数字经济产业得以更好地满足市场需求，提升了产业的创新水平和核心竞争力，为数字经济的持续健康发展奠定了坚实基础。

（三）生态系统保护策略与提升人民生活质量

生态系统保护策略有助于提升人民生活质量，促进人与自然的和谐共生，推动数字经济发展与社会进步相协调。通过保护生态系统，保障生态环境的质量，人们的生活环境得到了有效改善，生活质量得到了提升。此外，生态系统保护策略的实施还有助于促进生态文明建设，增强人们的生态环保意识和责任意识，推动全社会形成爱护生态、珍惜资源的良好氛围，实现了数字经济发展与社会进步的有机衔接。

1. 生活环境改善与人民生活质量提升

生态系统保护策略地实施有助于改善人们的生活环境，提升人民的生活质量。通过保护生态系统，改善空气质量、水质量等环境指标，人们的身体健康得到了有效保障，生活环境的优化提升了人们的生活舒适度和幸福感。

2. 生态文明建设与环保意识提升

生态系统保护策略的实施促进了生态文明建设和环保意识的提升。通过加强对生态环境保护的宣传和教育，人们的生态环保意识得到了有效提高，形成了珍惜资源、保护环境的社会共识，促进了全社会形成爱护生态的良好氛围。

3. 社会进步与数字经济发展的协调推进

生态系统保护策略的实施促进了社会进步与数字经济发展的协调推进。通过营造良好的生态环境，人们的身心健康得到了有效保障，社会和谐稳定的发展环境为数字经济的可持续发展提供了有力保障，推动了数字经济发展与社会进步的良性互动。

参考文献

[1] 马玉林，马运鹏.中国科技资源配置效率的区域差异及收敛性研究 [J].数量经济技术经济研究，2021，38（08）：83-103.

[2] 刘佳欣.数字经济对我国制造业转型升级的影响研究 [J].（财讯），2021（14）：21.

[3] 苑清敏，申婷婷.基于科技资源配置效率的城市群联动效应研究 [J].统计与决策，2016，465（21）：96-99.

[4] 叶晓倩，陈伟.我国城市对科技创新人才的综合吸引力研究：基于舒适物理论的评价指标体系构建与实证 [J].科学研究，2019，37（08）：1375-1384.

[5] 王彬燕，田俊峰，程利莎，等.中国数字经济空间分异及影响因素 [J].地理科学，2018，38（06）：859-868.

[6] 王宏鸣，陈永昌，杨晨.数字化能否改善创新要素错配？：基于创新要素区际流动视角 [J].证券市场导报，2022，354（01）：42-51.

[7] 何地，林木西.数字经济、营商环境与产业结构升级 [J].经济体制改革，2021，230（05）：99-105.

[8] 刘英恒太，杨丽娜.中国数字经济产出的空间关联网络结构与影响因素研究 [J].技术经济，2021，40（09）：137-145.

[9] 焦帅涛，孙秋碧.我国数字经济发展对产业结构升级的影响研究 [J].工业技术经济，2021，40（05）：146-154.

[10] 梁林，李青，刘兵.环境约束下省域科技资源配置效率：时空格局、演变机理及影响因素 [J].中国科技论坛，2019，278（06）：125-135+146.

[11] 郭庆宾，骆康.区域科技创新资源集聚能力的空间关联研究：以湖北省为例 [J].湖北社会科学，2019，389（05）：46-53.

[12] 苗玉宁，杨冬英.基于综合评价方法的中部地区科技资源配置效率分析 [J].中国软科学，2020，351（03）：134-149.

[13] 段忠贤，吴鹏.科技资源配置效率影响因素组态与路径研究：基于中国内地 30 个省市的 QCA 分析 [J].科技进步与对策，2021，38（22）：11-18.

[14] 任保平，文丰安.新时代中国高质量发展的判断标准、决定因素与实现途径 [J].改革，2018（04）：5-16.

[15] 余东华.制造业高质量发展的内涵、路径与动力机制 [J].产业经济评论，2020（01）：13-32.

[16] 唐红祥，张祥祯，吴艳，等.中国制造业发展质量与国际竞争力提升研究 [J].中

国软科学，2019（02）：128-142.

[17] 江小国，何建波，方蕾.制造业高质量发展水平测度、区域差异与提升路径 [J]. 上海经济研究，2019（07）：70-78.

[18] 罗文，徐光瑞.中国工业发展质量研究 [J]. 中国软科学，2013（01）：50-60.

[19] 李蕾，刘荣增.产业融合与制造业高质量发展：基于协同创新的中介效应 [J]. 经济经纬，2022，39（02）：78-87.

[20] 惠宁，杨昕.数字经济驱动与中国制造业高质量发展 [J]. 陕西师范大学学报（哲学社会科学版），2022，51（01）：133-147.

[21] 史丹，李鹏.中国工业 70 年发展质量演进及其现状评价 [J]. 中国工业经济，2019（09）：5-23.

[22] 刘怡君，方子扬.长江经济带城市群制造业高质量发展评析 [J]. 生态经济，2021，37（02）：48-53.

[23] 曲立，王璐，季桓永.中国区域制造业高质量发展测度分析 [J]. 数量经济技术经济研究，2021，38（09）：45-61.

[24] 涂心语，严晓玲.数字化转型、知识溢出与企业全要素生产率：来自制造业上市公司的经验证据 [J]. 产业经济研究，2022（02）：43-56.

[25] 刘鑫鑫，惠宁.数字经济对中国制造业高质量发展的影响研究 [J]. 经济体制改革，2021（05）：92-98.

[26] 赵宸宇，王文春，李雪松.数字化转型如何影响企业全要素生产率 [J]. 财贸经济，2021，42（07）：114-129.

[27] 张旭亮，史晋川，李仙德，等.互联网对中国区域创新的作用机理与效应 [J]. 经济地理，2017，37（12）：129-137.

[28] 黄赜琳，秦淑悦，张雨朦.数字经济如何驱动制造业升级 [J]. 经济地理，2022，44（04）：80-97.

[29] 傅为忠，刘瑶.产业数字化与制造业高质量发展耦合协调研究：基于长三角区域的实证分析 [J]. 华东经济管理，2021，35（12）：19-29.

[30] 赵文举，张曾莲.中国经济双循环耦合协调度分布动态、空间差异及收敛性研究 [J]. 数量经济技术经济研究，2022，39（02）：23-42.

[31] 罗序斌，黄亮.中国制造业高质量转型升级水平测度与省际比较：基于"四化"并进视角 [J]. 经济问题，2020（12）：43-52.